Los límites
del crecimiento económico
y la crisis de ideas de la izquierda

última línea
de ensayo

Ricardo Canosa Bastos

Los límites
del crecimiento económico
y la crisis de ideas de la izquierda

última línea

Primera edición, octubre de 2024

© Última línea, S.L., 2024
Juan Cortés Cortés, 3
29010 Málaga
www.ultimalinea.es
editorial@ultimalinea.es

f www.facebook.com/EditorialUltimaLinea

X @EdUltimaLinea

ISBN: 978-84-18492-83-9
Depósito legal: MA 2442-2024
THEMA: JPFC, JPFF, RNA

Impreso en España — Unión Europea

ÍNDICE

«*La humanidad gime aplastada, bajo el peso de los progresos que ha hecho*».

Henri Bergson

«*Donde todos piensan igual, ninguno piensa mucho*».

Walter Lippmann

«*Hay dos cosas infinitas: el universo y la estupidez humana. Y del universo, no estoy seguro*».

Albert Einstein

«*Quien no conoce su historia está condenado a repetirla*».

Jorge Ruiz de Santayana

«*La ortodoxia significa no pensar, no necesitar el pensamiento. Nuestra ortodoxia es la inconsciencia*».

George Orwell. *1984*

I

LOS LÍMITES DEL CRECIMIENTO ECONÓMICO

«Si con todo lo que tienes no eres feliz, con todo lo que te falta tampoco lo serás».

Erich Fromm

«Cualquiera que crea que un crecimiento exponencial puede continuar para siempre en un mundo finito es o un loco, o un economista».

Kenneth Boulding

Durante milenios, la humanidad se ha mantenido en un régimen social y económico, prácticamente estacionario. Los grandes imperios como Egipto, Babilonia, Roma, incluso España y Francia, realizaron sus gestas en un mundo inmóvil, que avanzaba de forma casi imperceptible y donde los inventos y las novedades eran introducidos con cuentagotas. A modo de ejemplo, basta señalar que la diferencia entre las técnicas agrícolas y constructivas que se usaban en la época del Imperio Romano y en la Edad Media, son casi inexistentes y ello pese a que entre los dos periodos hay más de mil años de distancia.

Esta quietud se rompe en 1769, cuando James Watt patenta la máquina de vapor, una mejora de la máquina de Newcomen, inventada por el científico del mismo nombre en 1712. Su creación tiene la fortuna de coincidir en el tiempo, con un cambio de sistema económico, que llevaba gestándose un par de siglos. El siglo XIX es el siglo de la expansión capitalista por todo el planeta. La generalización del uso de la máquina de vapor y el desarrollo de la ingeniería, va a revolucionar industrias como la siderúrgica, la textil y el campo de los transportes, tanto de mercancías como de personas. El resultado va a ser un aumento de la producción y el consumo, como nunca hasta entonces se había visto. El crecimiento, que hasta ese momento había sido una variable económica carente de importancia, en el desarrollo de la humanidad, pasa a convertirse en la cuestión central del modelo económico, político y social.

En los últimos 200 años hemos avanzado más, que en los 20.000 precedentes. Hemos pasado de usar la fuerza animal y la máquina de vapor, a viajar al espacio, generar energía nuclear, o poder comunicarnos de manera instantánea, con cualquier rincón del planeta. Pero, ese desarrollo tan rápido, no ha sido gratuito y ha generado enormes costes. Y eso es así porque el sistema económico y social en el que vivimos no es un ente aislado en el vacío, sino un subsistema del entorno natural, tal y como decía Nicholas Georgescu[1]. En otras palabras, el proceso económico altera el medio ambiente en el que se desarrolla y a su vez, se ve influido por esas alteraciones que él mismo provoca. Con el desarrollo económico hemos perdido paisajes y recursos, que ya no podremos recuperar nunca, y hemos pasado a vivir en ciudades frías, grises e inmensas, donde la gente pierde horas desplazándose de casa al trabajo, y viceversa. Y todo eso, se ha hecho en nombre del progreso, del crecimiento económico y de la ciencia y, lo que es peor, con el asentimiento de tod@s nosotr@s. Eso sí, en demasiadas ocasiones los cambios han sido tan

---

[1]   Georgescu, Nicholas. *The entropy law and the economic process*. Harvard University Press. 1971.

rápidos, que no hemos tenido tiempo de preguntarnos sobre sus posibles consecuencias, o si ese era el camino, que realmente queríamos seguir.

Consumo histórico de energía en watios

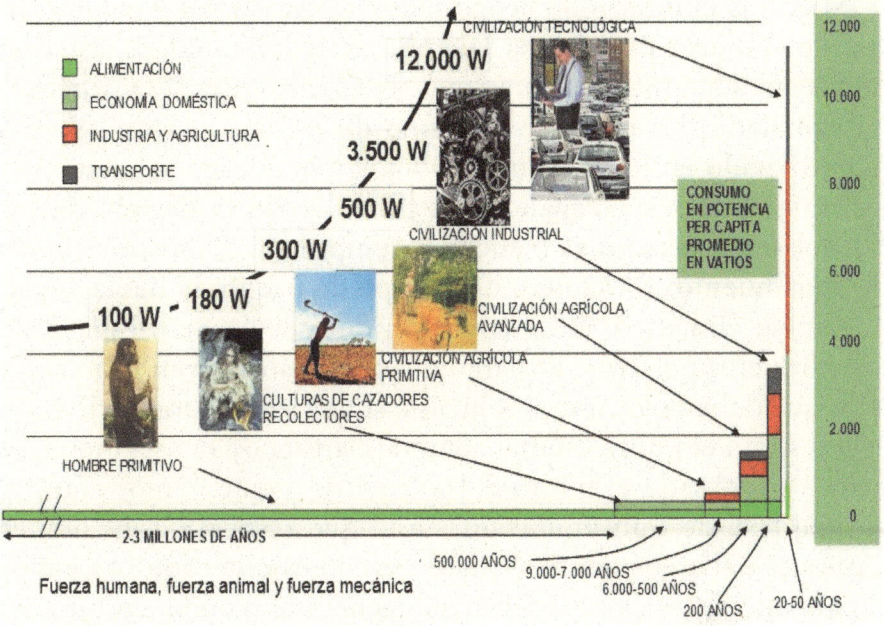

Fuente: lacrisisenergetica.wordpress.com.

Sea como sea, la realidad es que hemos creado un monstruo, llamado sistema económico, que somos incapaces de manejar y amenaza con llevarnos a la extinción. Al contrario de lo que creen la inmensa mayoría de ciudadanos y políticos, el sistema económico, no es un ente aislado en un tubo de cristal, ante el que no cabe elección, ni rebelión posible, sino más bien, un subsistema, que opera dentro de un sistema, que, a su vez opera dentro de otro más grande y así, sucesivamente. El primer sistema, o el más cercano, no es otro que el entorno natural en el que operamos, esto es, los distintos lugares del planeta Tierra que habitamos. Un planeta, por mucho que se diga y por mucho que se desarrolle la tecnología, no puede expandirse infinitamente. Por suerte o por desgracia, el planeta tiene el tamaño que tiene y sus recursos no son ilimitados; o como dicen los viejos: *«Esto es lo que hay»*. Vamos, que la explotación de los recursos no es gratuita, tal y como, por desgracia, estamos empezando a aprender.

Mientras el desarrollo económico fue escaso, tal y como ocurrió en la mayor parte de la Historia de la humanidad, las cuestiones medioambientales eran poco relevantes. Pero esa situación ha cambiado. La orgía de consumo de recursos naturales, que hemos vivido en los últimos 200 años y muy especialmente, en los últimos 50 está llegando a su fin. Desde la década de los 80 del siglo pasado, el planeta ha empezado a mostrar signos de agotamiento: El agujero de la capa de ozono, la lluvia ácida, el cambio climático, la desaparición de especies, el deshielo de los casquetes polares y un largo etcétera, constituyen problemas a los que debemos dar una solución, si queremos sobrevivir. Esto es así, hasta el punto de que algunos científicos ya aseguran que hemos traspasado el punto de no retorno y que hemos entrado en una fase de translimitación, en lo que respecta a los límites naturales del crecimiento. Prueba de ello es que cada vez somos capaces de agotar los recursos que genera el planeta en un año, en un menor tiempo. A fecha de hoy, *el Día de la Sobrecapacidad* es el 28 de julio. Eso quiere decir, que hay cinco meses al año, en los que vivimos a costa de los ahorros[2]. Pero, si de manera recurrente se gasta más de lo que se ingresa, no importa cuanta riqueza se tenga. Tarde o temprano, terminará por agotarse.

---

2   El Día de la Sobrecapacidad es el día que se agotan todos los recursos renovables, que el planeta Tierra es capaz de reponer en un año. La base empieza en 1970 y la fecha de agotamiento de los recursos a reponer entonces, era el 31/12/1970, es decir, consumíamos justo lo que reponía el planeta. Medio siglo después, la hemos adelantado en 5 meses y se agotan el 28 de julio. De seguir así, no tardaremos en llegar al punto en que todos los recursos se agoten el 1 de enero, es decir, el mismo día que comienza el año. De hecho, ya hay países como Luxemburgo o Qatar, que agotan sus recursos en el mes de febrero y, desde entonces, viven a crédito. En el caso de España, fue a mediados de mayo, según *Global Footprint Network*.

¿Cuántos planetas necesitaríamos si la población mundial consumiera como...?

Fuente: Global Footprint Network.

A esto, hay que añadirle un factor que agrava la situación y es que vivimos en una economía competitiva, donde nadie está dispuesto a otorgarle la menor ventaja a sus competidores, ya que las reglas del juego se basan en sobrevivir y en ganar más dinero que nadie. Como escribe Susan George[3]:

«Nadie quiere ser el primero, por lo que todos terminan siendo los últimos. Los empresarios no quieren unos Estados poderosos que puedan imponer normas estrictas a la actividad empresarial y, mucho menos, un gobierno global, por lo que nadie regula nada. Nadie puede permitirse el lujo de detenerse y cambiar el rumbo, por lo que la destrucción continúa. Pero, nadie puede vivir en un planeta muerto».

¿Entonces qué? es la pregunta. Una pregunta a la que todos responden encogiendo los hombros y diciendo que eso es un problema que deben de resolver los demás.

Lo que deberíamos preguntarnos, dado el actual estado de desarrollo económico y tecnológico que hemos alcanzado en el

---

3   . George, Susan. *El informe Lúgano*. Icaria. 2001.

último siglo, es si podemos continuar con un sistema económico basado en el consumo masivo y compulsivo, por parte de un amplio sector de la población mundial. Un consumo que, todo hay que decirlo, y pese a la considerable mejora que ha supuesto el sistema capitalista, tanto en la distribución de la renta, como sobre todo, en lo que se refiere a la producción, con respecto a sus antecesores —como puedan ser el sistema esclavista o el feudal— dista mucho de ser equitativo y continúa beneficiando a una parte relativamente pequeña de la humanidad. Las cuestiones a resolver son básicamente dos:

1. ¿Puede un sistema económico, que tiene su base productiva en el consumo masivo y compulsivo y que explota al máximo los limitados recursos de que dispone el planeta, dar una respuesta y una solución permanente y estable a los actuales problemas económicos y ecológicos del planeta? Sinceramente, creo que la única respuesta posible a esta pregunta es NO.

2. Un sistema económico que, por otra parte, tiene en la búsqueda del beneficio individual, su única razón de ser. Esto, hay que reconocerlo, nos ha llevado a cotas de progreso inimaginables, hace tan solo unas décadas. Pero también ha generado una serie de problemas colectivos, que afectan no solo a los productores, sino al conjunto de la sociedad. ¿Podemos confiar en que un sistema económico, que se basa en la interacción de decisiones individuales, guiadas por la obtención del máximo beneficio individual y que solo considera como costes aquellos que inciden en su propio negocio y en su cuenta de resultados —y no los que repercuten en el conjunto de la sociedad— pueda dar respuestas globales a problemas que afectan a todo el mundo, como el cambio climático, el agotamiento de los recursos naturales, la pérdida de biodiversidad, y un largo etcétera? De nuevo creo que la única respuesta posible es NO.

II

UNA HISTORIA DE DOS SIGLOS

El siglo XIX es el de la consolidación y expansión del sistema capitalista, a través de la industrialización masiva y el crecimiento de los mercados. La aplicación de la energía de vapor al barco (1803) y al tren (1814) va a dotar a los transportes y por lo tanto a los suministros, de una mayor rapidez y regularidad. En la sociedad se instala la idea, de que es posible dominar las fuerzas de la naturaleza, a través del conocimiento científico, y que la industria es el campo de batalla ideal para ello. Los inventos como la 'Jenny' en 1764, la 'Spinning Jenny', o la 'Mule Jenny' en 1779, la desmotadora automática (1792), el telégrafo (1838) y el horno Bessemer (1855) se suceden. A nivel político, la hegemonía del Imperio Británico pone el comercio exterior y la explotación de las colonias en el primer plano de las cuestiones económicas.

Este auge científico e innovador se traduce en un crecimiento enorme, tanto de la productividad por trabajador, como del volumen de producción total. A su vez, este auge de la producción ocasiona una expansión de los mercados, tanto en busca de nuevos clientes, como de materias primas, con las que seguir fabricando. El siglo XIX también es el siglo en el que las potencias europeas se reparten Asia y África y en el que Estados Unidos se lanza de lleno a la expansión y conquista del 'lejano Oeste'. El imperialismo surge como fase superior del capitalismo, en la controvertida tesis que Hobson —y posteriormente Lenin— van a desarrollar y que se traduce en que como consecuencia de la desigualdad creciente en el ingreso entre las clases sociales que genera el sistema capitalista, eso acabará llevando a una atonía del consumo y a una nueva crisis mundial. Según esta teoría, los países más avanzados se ven obligados a lanzarse a la búsqueda de nuevos mercados, en los que abastecerse y colocar sus productos. Sea o no cierta la tesis, lo que sí lo fué es que el siglo XIX terminó desembocando en la Primera Guerra Mundial, la Revolución Rusa, el crack bursátil de 1929 y el ascenso de los fascismos.

Evolución de la renta per cápita mundial

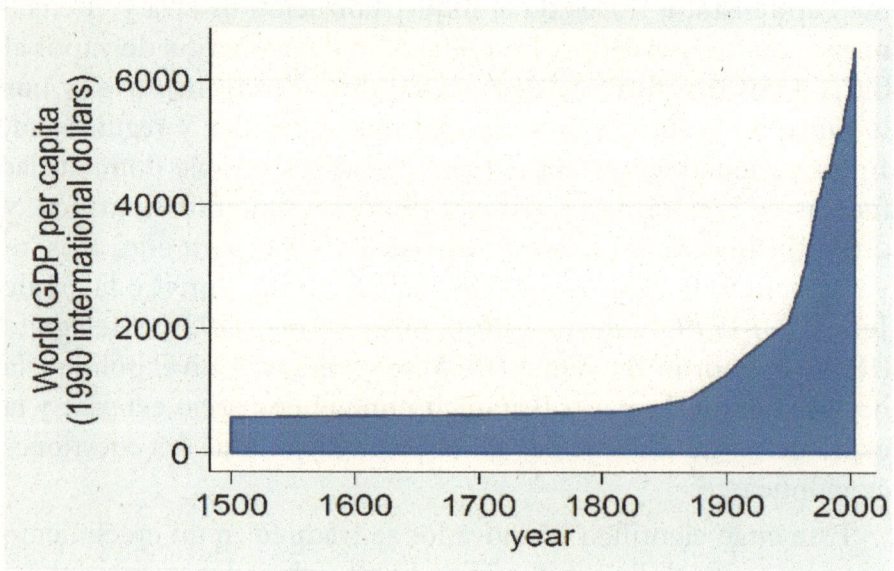

Fuente: laproadelargo.blogspot.com.

Producción mundial de energía primaria

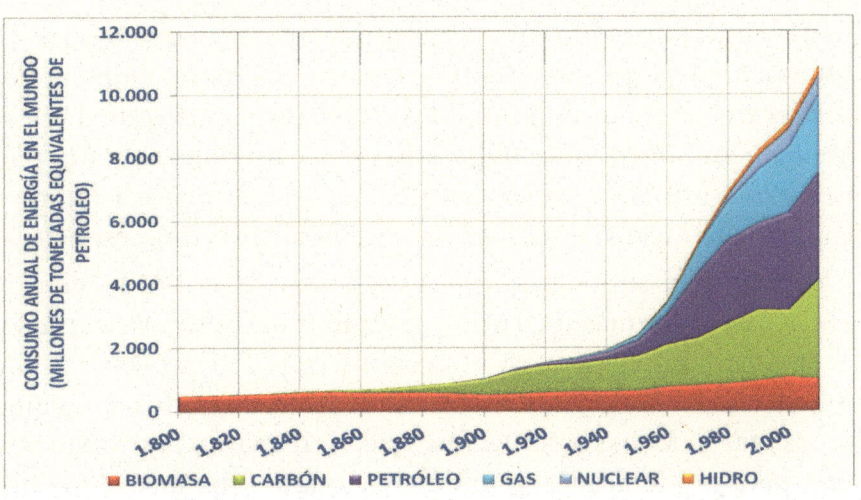

Fuente: http://energeticafutura.com.

Como vemos en ambas gráficas, la renta y el consumo de energía se disparan a partir de 1825, especialmente en Europa Occidental y los Estados Unidos. El incremento de la producción y la renta en los siglos XIX y XX es, sencillamente, increíble. Pero, como todo en la vida, también esto tiene un precio. El precio de ese crecimiento brutal ha sido la deshumanización y esas ciudades frías y despiadadas, que Dickens, Dostoievsky o Bukowsky tan bien reflejaron en sus novelas. Oleadas masivas de personas que emigran del campo a la ciudad, para intentar sobrevivir como malamente pueden. Siguiendo con la autora a la que citábamos antes[4]:

«La cultura capitalista tiene inherente la noción de riesgo, el móvil de los beneficios y la necesidad de acumular, no es solo la cultura del mercader y del comerciante, sino también la del ahorrador, el inversor y el empresario. Si tuviéramos que usar una sola palabra para caracterizar esta cultura, sería competencia. Su centro lo cons-

---

4   George, Susan. Op. cit.

tituyen el amor a la lucha y la voluntad de aventurarse en lo desconocido: su arte más elevado es 'la destrucción creativa'».

El resultado ha sido una sucesión de ciudades que crecen sin orden ni control, generando unos costes ecológicos, ambientales, sociales y económicos inasumibles, pero que son los que dicta un sistema económico, que ha pasado de ser una herramienta para nuestro desarrollo a convertirse en un monstruo con intereses propios, que incluso amenaza con extinguirnos como especie.

El siglo XX supone la universalización de la producción en cadena. Los sistemas de Taylor, y sobre todo Ford[5], se imponen. La producción en cadena, el cronometraje del proceso, la mejora de las condiciones y una organización científica y racional del trabajo y de las distintas fases de él, disparan la producción. Pero, para producir más, también hay que vender más. Ahí entra en acción el incentivo del salario, los *five dollars a day* de Henry Ford. Al ganar más, el trabajador también se plantea ser propietario de algo. Una casa, un terreno, y por supuesto, ¿por qué no un coche? Los bancos, que ya se han olido el negocio, se lanzan a prestar dinero, para financiar la adquisición de bienes de consumo duraderos. El mecanismo del crédito, se pone en marcha una vez más y de nuevo vuelve a proyectar al sistema capitalista, a un nivel superior de desarrollo.

Debido a sus propias características y cualidades, basadas en la búsqueda del beneficio individual y en la expansión continuada de los mercados, el sistema capitalista es muy dado a la crea-

---

5   La implantación de los sistemas de Ford y Taylor, no solo suponen la organización científica del trabajo, en cuanto a división de tareas, procesos, etc. También lleva implícito el supuesto de la mediatización de la demanda. Esto es así, en tanto en cuanto, los beneficios de la estandarización son máximos, cuanto mayor es el número de unidades idénticas, que se fabrican bajo las mismas condiciones. Es decir, cuando se consigue que la mayor parte de los consumidores, quieran el mismo producto y con las mismas características. Para conseguir eso, además de la producción, hacen falta otros dos factores. Una red de distribución y financiación adecuada, sobre todo en los bienes duraderos y, muy especialmente, una estupenda campaña de publicidad y marketing. Hay que crear la sensación, de que no se puede ser feliz si no se dispone de ese producto.

ción de burbujas especulativas. Este hecho adquirió una especial relevancia en 1929, cuando el capitalismo se enfrentó a un desafío doble. A la mayor crisis financiera vivida hasta la época, se le añadió la amenaza de un sistema económico alternativo como era el soviético, basado en las teorías de Karl Marx.

La organización del movimiento obrero ya venía de la segunda mitad del siglo XIX. Pero la crítica efectuada por Marx y Engels y sobre todo, la revolución llevada a cabo por Lenin y que, por primera vez fue capaz de establecer un sistema alternativo, llevó la pugna entre clases sociales a otro nivel.

Aunque las diferencias entre el capitalismo y el socialismo son muy amplias, en lo referente al crecimiento, los dos sistemas son apasionados seguidores de la doctrina del desarrollo económico. Bien sea a través del mercado, bien de la planificación, el Este y el Oeste se lanzan de lleno a una frenética carrera por el incremento de la producción. El siglo XX es el siglo del crecimiento como máximo objetivo de la economía y solución universal a todos los problemas económicos de la humanidad. La idea que se abre paso en la sociedad, es que el crecimiento es la panacea universal, que no solo nos permitirá salir de la miseria y de la pobreza, sino que nos llevará a vivir en un paraíso en el que apenas tendremos que trabajar, ya que las máquinas se encargarán de hacerlo todo.

En los últimos años nos hemos vuelto un poco más sabios y un poco más escépticos y sabemos que la producción y la distribución son compartimentos estancos. Dicho de otra forma: no basta con crecer, sino que también tiene que haber una voluntad efectiva de repartir el producto entre todos. Por suerte o por desgracia, las bases del sistema capitalista no son la cooperación y el altruismo, sino la competencia y el egoísmo. Cuando no se aplican medidas de redistribución fiscal, el crecimiento económico no lleva a una sociedad más igualitaria, sino más bien a todo lo contrario. Independientemente de que los de abajo vivan algo mejor que sus antepasados, la distancia con respecto a los de arriba continúa creciendo.

En la Unión de Repúblicas Socialistas Soviéticas hubo varias sorpresas. La primera fue que el Partido —la organización del movimiento obrero— apareció como un ente con vida e intereses propios, que no tenían por qué coincidir con los de la ciudadanía. En cuanto al Politburó y los camaradas comisarios, —las personas físicas que como tales encarnaban el Partido— ante la falta de mecanismos de control, demostraron ser tan avariciosos y egoístas, como cualquier otro ser humano, incluidos los propios capitalistas.

Tras un periodo de crecimiento brutal, basado, sobre todo, en la industria pesada y ciertos campos de investigación avanzada —espacio, física y energía nuclear, informática y ciencias matemáticas—, empezó a quedar claro que las cosas no iban demasiado bien en el paraíso socialista. Las dificultades derivadas de la planificación eran enormes. Además el crecimiento se había centrado en aspectos muy concretos, casi siempre con fines propagandísticos y militares, que no repercutían en el bienestar de la población. Ante la ausencia de incentivos para todos aquellos que quisieran hacerlo mejor o de manera diferente, hubo caídas de productividad y un auge del mercado negro. A todo ello se unía la lentitud en la toma de decisiones, ocasionada por una burocracia ingente. Usando la terminología marxista, el conjunto de esa diversidad de condiciones objetivas llevó al máximo las contradicciones de un régimen, que al igual que los antiguos egipcios, sacrificaba la vida actual, en aras de un idílico paraíso futuro. Por suerte o por desgracia, eso acabó ocasionando el colapso del sistema, a finales de la década de los ochenta.

Hoy también sabemos que un mayor crecimiento no es sinónimo de un mayor bienestar social. Por ejemplo, una oleada de robos en una ciudad puede provocar un aumento en la contratación de pólizas de seguros y de la instalación de alarmas y otros sistemas antirrobo, lo que llevará a un aumento del PIB local. Sin embargo, es difícil justificar que una oleada de robos sea un hecho positivo —que pueda generar un mayor bienestar, ni social, ni individual— exceptuando a los ladrones y a los dueños de las empresas de alarmas y seguros.

Por otra parte, en las tres primeras décadas del siglo XX se va a producir una condensación del saber acumulado durante los últimos 100 años, en una serie de ramas científicas, con amplia aplicación militar e industrial: la aviación, la biología, la estadística, la energía nuclear o la informática. No solo son meras ideas, también suponen el nacimiento de nuevas industrias.

Otro acontecimiento relevante del siglo XX es la aparición de los medios de comunicación de masas. Primero la radio y el cine, y luego la televisión e internet van a expandirse a lo largo y ancho del planeta. La importancia de este hecho, como veremos más adelante, va a ser fundamental en el desarrollo del sistema económico. Por primera vez en la Historia, la práctica totalidad de los habitantes del planeta vamos a estar sometidos a los mismos patrones culturales de consumo.

Tras la Segunda Guerra Mundial el planeta queda dividido en dos bloques. El sistema capitalista, inmerso en una dura pugna con su adversario comunista y que acaba de salir de la crisis más grave de su historia, gracias a la intervención del Estado en la economía, propugnada por Keynes y a la expansión derivada de la guerra mundial, va a dar un giro sorprendente en sus planteamientos, asumiendo gran parte de las peticiones del movimiento obrero y la socialdemocracia. Es lo que se va a conocer como 'Estado del bienestar', y se va a desarrollar fundamentalmente en los países de Europa Occidental. En este modelo la desigualdad inicial en la distribución de la renta —propia del sistema capitalista— se intenta compensar mediante la intervención del Estado en la economía a través de medidas legislativas, fiscales y tributarias: salario mínimo, seguridad social, pensiones públicas, seguro de desempleo, progresividad fiscal, etc. Con todo ello, se intenta paliar las desigualdades económicas que genera el sistema.

La realización de estas políticas sociales y una larga época de expansión económica, va a generar un crecimiento sin precedentes de la clase media en los países más avanzados. Si bien es cierto que la miseria sigue predominando en la mayor parte del mundo, por primera vez en la Historia de la humanidad un sector amplio de la población, de lo que se conoce como el Primer Mundo, va a alcanzar unas condiciones de vida que, sin lugar a dudas y comparadas con cualquier sistema económico anterior, pueden ser calificadas como de muy dignas. Son las tres décadas de oro del capitalismo. Los *30 gloriosos* que van desde el final de la Segunda Guerra Mundial hasta la crisis del petróleo —en 1973—, y que transcurren bajo la influencia ideológica de John Maynard Keynes. Durante este periodo, la participación económica del Estado va a crecer, no solo en el ámbito puramente económico (mayor progresividad fiscal, incremento de las empresas públicas, aumento del gasto social, etc.), sino también en el normativo, con la consecución de un amplio espectro de derechos sociales —universalización de la jornada de 8 horas, vacaciones pagadas, políticas de seguridad y salud en el trabajo, de igualdad de género...—). El objetivo último de la política económica pasa a ser el aumento del bienestar y la reducción de las desigualdades sociales.

Durante tres décadas, los ciudadanos occidentales van a ver cómo se incrementa su nivel de vida, de forma continua y paulatina. Durante tres generaciones, los hijos van a vivir mejor que sus padres. Y esta va a ser una de las claves en la derrota del sistema comunista. Puestas a elegir, las clases trabajadoras occidentales van a preferir una pequeña propiedad, seguridad social y un mes de vacaciones pagadas, antes que la revolución y el socialismo. Una de las paradojas de este hecho es que el movimiento sindical y la socialdemocracia europea se van a convertir en conservadores y garantes del status quo.

Evolución del PIB per cápita del mundo

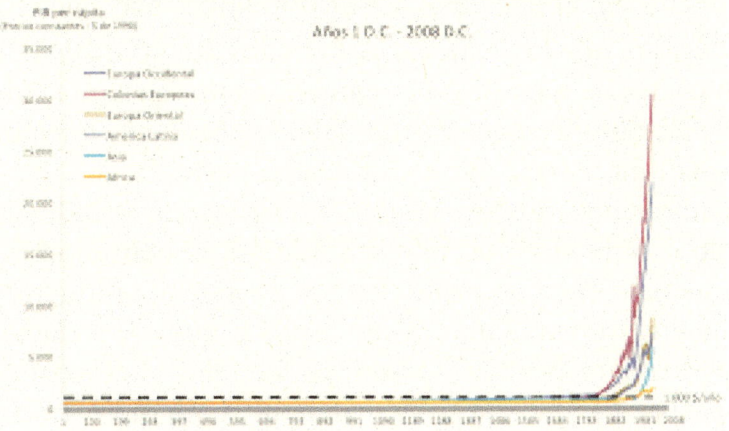

Fuente: Wikipedia.Wordl Population GDP and Per Cápita GDP, 1-2010.

Por otro lado, la aparición de esta clase media va a generar un aumento del consumo sin precedentes, con su consiguiente repercusión sobre el entorno natural. En economía medioambiental se usa, lo que se conoce como '*la ecuación de impacto sobre la Tierra*' y que viene dada por:

$$I=C \text{ x } T\text{x } P$$

Donde I es el impacto, C el consumo, T la tecnología y P la población. El impacto sobre la naturaleza varía según la tecnología que se emplee, esto es algo indudable. Pero la tecnología no es perfecta y por sí sola no puede nada ante un incremento desmesurado del consumo y de la población, como el que hemos vivido en las últimas décadas. El efecto positivo que pueda tener el hecho de que, hoy en día, los coches sean más ecológicos y eficientes que hace 50 años, se ve no solo anulado, sino ampliamente sobrepasado por el hecho de que en el año 2022 se fabricaron 85.000.000 de vehículos, entre turismos y vehículos comerciales (cerca de los niveles de prepandemia y el triple de los 28.600.000 que se produjeron en 1980). A ello hay que añadirle, que muchos de los ya fabricados, continúan funcionando. Una estimación de

2013 cifraba en 1.100.000.000 el número de vehículos en funcionamiento en el planeta. Casi 400 millones más que en 2004.

Por cierto, que los vehículos fabricados 30, 40 o 50 años atrás, tenían costes de reparación y mantenimiento bastante más bajos y eran más duraderos que los actuales. El hecho de que no dispusiesen de una tecnología tan avanzada, permitía que muchos de sus componentes fuesen reparables e incluso prescindibles. Pero esa solo es una cuestión importante para el consumidor —que aspira a que el bien sea duradero— y no para el productor —que es realmente quien manda y que aspira a que el producto sea lo más perecedero posible—. Son las ventajas y desventajas que tiene el sistema y donde se ve realmente, para quién trabaja.

La población y el consumo son las otras dos variables que intervienen en la ecuación anterior. El incremento de ambas ha sido enorme en el último medio siglo, lo que ha generado un impacto masivo sobre el conjunto del planeta. La población se ha multiplicado por 7 en los últimos 200 años, pasando de 1.000 millones en el año 1800, a los 7.000 que estimaba la ONU a finales de 2011 y cerca de los 8.000 en 2023. Pero, el problema no es que solo haya muchas más personas, sino que, además hemos hecho del consumo la medida del éxito. Los dos grandes baremos del triunfo individual en nuestros días son la capacidad de consumo y la fama.

Hace tres décadas, el mundo desarrollado se componía de EEUU, Europa Occidental, Canadá, Japón, Australia y algún país del Este. Hoy en día habría que sumarle Corea del Sur, Sudáfrica, grandes áreas de Brasil, China, India y los países petroleros del Golfo, entre otros, con la carga de población que eso supone, para unos recursos finitos y limitados. Por supuesto todas esas personas aspiran a vivir mejor, tal y como se les ha enseñado que se puede hacer en el cine, en la tele o en internet. Y hay que dejar muy claro, que tienen todo el derecho a hacerlo, si es que lo consiguen. El problema es que en la actual sociedad, vivir mejor es sinónimo de consumir más y por desgracia eso es algo, que el planeta en el que vivimos, ya no se puede permitir.

El método de la huella ecológica mide la cantidad y la calidad de los recursos necesarios para sostener a una cantidad determinada de población, generalmente en hectáreas por habitante, dado el nivel de consumo y tecnología existente. En definitiva, lo que intenta hacer es medir la incidencia que nuestro nivel de consumo, tiene sobre los recursos naturales. En ese sentido, es el reverso de la Ecuación de Impacto Ambiental, que analizábamos antes. Si en la primera veíamos las consecuencias de una demanda creciente de recursos, en la segunda, nos enfrentamos a las limitaciones de una oferta decreciente. Para bien o para mal, los recursos están dados y muchos de ellos no son renovables.

Aun admitiendo todos los defectos y subjetividades a las que se presta el método, es un hecho indudable que el consumo ha crecido mucho más que los medios de producción en el último medio siglo. En términos reales la oferta, como no podía ser de otra manera, ha disminuido. A ese mayor consumo hay que añadirle la destrucción ocasionada por la explotación ineficiente y la no consideración hacia los gastos sociales y medioambientales, que pagamos todos. Cuando hacemos *fracking*, excavaciones, talas u otras prácticas, dañamos recursos que estaban allí mucho antes de que existiésemos. Algunos de esos recursos son renovables, pero otros muchos no. Además ocasionan fenómenos indeseados —externalidades—, tales como la desertización, la desforestación o la contaminación de las aguas, entre otros. No hace falta ser matemático, ni economista, para darse cuenta de que si extrapolamos los niveles actuales de consumo en el Primer Mundo, podemos agotar los recursos del planeta, en un plazo relativamente breve. Como ya he dicho, la huella ecológica es un método muy subjetivo. En demasiadas ocasiones su cálculo es prácticamente imposible. Pero eso no quiere decir que no nos sirva para ver la tendencia, que, como se aprecia en la gráfica, no es muy positiva.

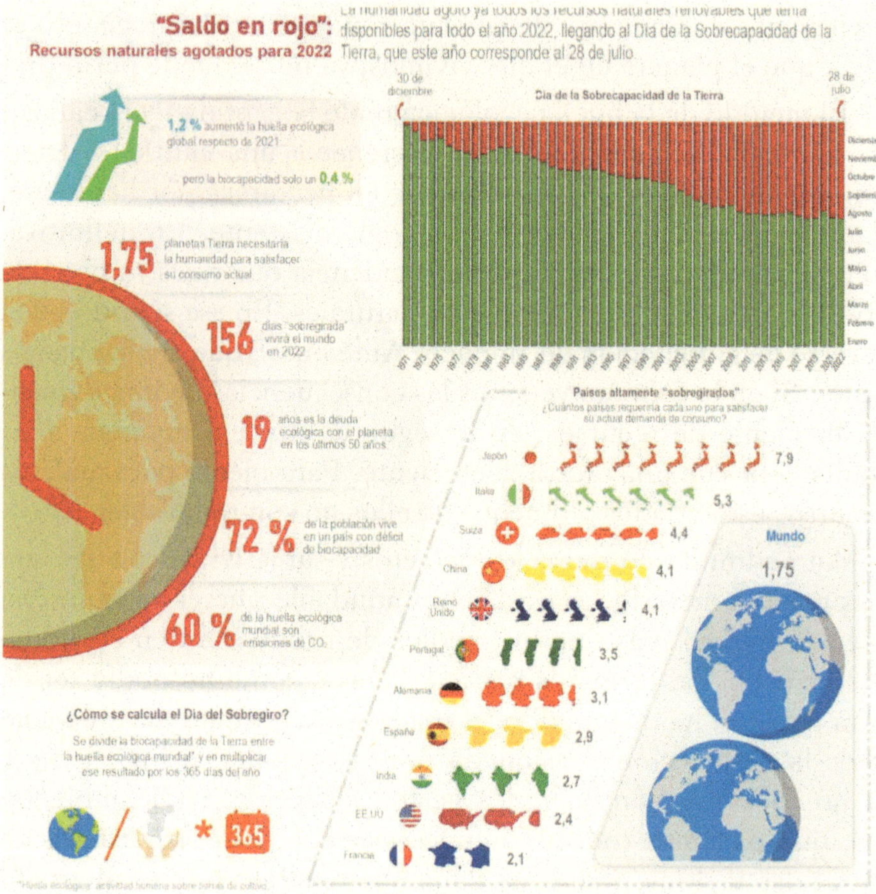

"Saldo en rojo":
Recursos naturales agotados para 2022

La humanidad agotó ya todos los recursos naturales renovables que tenía disponibles para todo el año 2022, llegando al Día de la Sobrecapacidad de la Tierra, que este año corresponde al 28 de julio.

1,2 % aumentó la huella ecológica global respecto de 2021

pero la biocapacidad solo un **0,4 %**

1,75 planetas Tierra necesitaría la humanidad para satisfacer su consumo actual

156 días "sobregirada" vivirá el mundo en 2022

19 años es la deuda ecológica con el planeta en los últimos 50 años

72 % de la población vive en un país con déficit de biocapacidad

60 % de la huella ecológica mundial son emisiones de CO_2

¿Cómo se calcula el Día del Sobregiro?

Se divide la biocapacidad de la Tierra entre la huella ecológica mundial* y en multiplicar ese resultado por los 365 días del año

Día de la Sobrecapacidad de la Tierra

30 de diciembre — 28 de julio

Países altamente "sobregirada"
¿Cuántos países requeriría cada uno para satisfacer su actual demanda de consumo?

Japón	7,9
Italia	5,3
Suiza	4,4
China	4,1
Reino Unido	4,1
Portugal	3,5
Alemania	3,1
España	2,9
India	2,7
EE.UU.	2,4
Francia	2,1

Mundo 1,75

Fuente: Global Footprint Network.

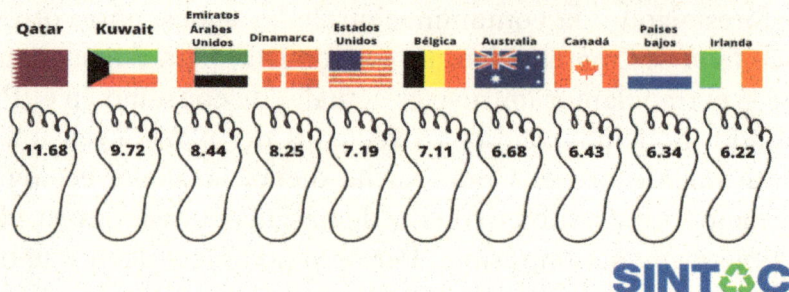

TOP 10 de los países con mayor huella ecológica por persona

Qatar	Kuwait	Emiratos Árabes Unidos	Dinamarca	Estados Unidos	Bélgica	Australia	Canadá	Países bajos	Irlanda
11.68	9.72	8.44	8.25	7.19	7.11	6.68	6.43	6.34	6.22

SINT⚲C

Fuente: Global Footprint Network.

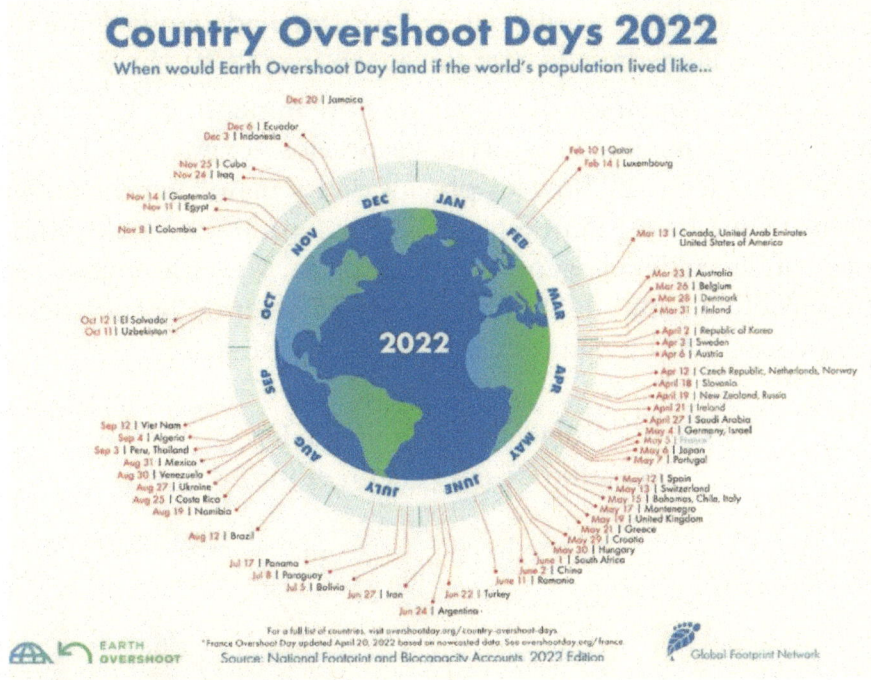

Fuente: Global Footprint Network.

También hay que destacar, que ese impacto no es uniforme en todo el planeta. Así, mientras un bangladesí vive con lo que producen 0,56 Ha, un español precisa 4,1, un norteamericano 7,2 y un qatarí 11,7 para mantener su nivel de vida; esto es unas 23 veces lo que precisa el primero. Si todos los habitantes del planeta tuviéramos el nivel de vida de un ciudadano medio norteamericano o europeo, nos harían falta entre 4 y 6 planetas Tierra para mantener nuestro ritmo de consumo. La conclusión creo que es clara: la única manera de que pueda sobrevivir el planeta y de paso tender a la igualdad, es que los países ricos, acepten reducir su nivel de vida actual.

El caso de la energía, quizás sea el más gráfico e impactante de todos. El consumo de energía se ha multiplicado por 10 en los últimos 150 años, y se ha duplicado con creces en los últimos

35. La medida que se utiliza es el TEP (tonelada equivalente de Petróleo), una medida de energía igual a los 11.630 Kw/h.

La teoría económica dice que, ante un aumento de la demanda y una disminución de la oferta, los precios tienen que subir. Es cierto que a fecha de hoy, los precios de las materias primas son relativamente bajos. Pero este hecho coyuntural no debe confundirse con la tendencia general a largo plazo, y esta no puede ser otra que el aumento de los precios y la lucha entre las potencias económicas, por los cada vez más escasos recursos.

Correlación entre población y consumo de energía en el mundo

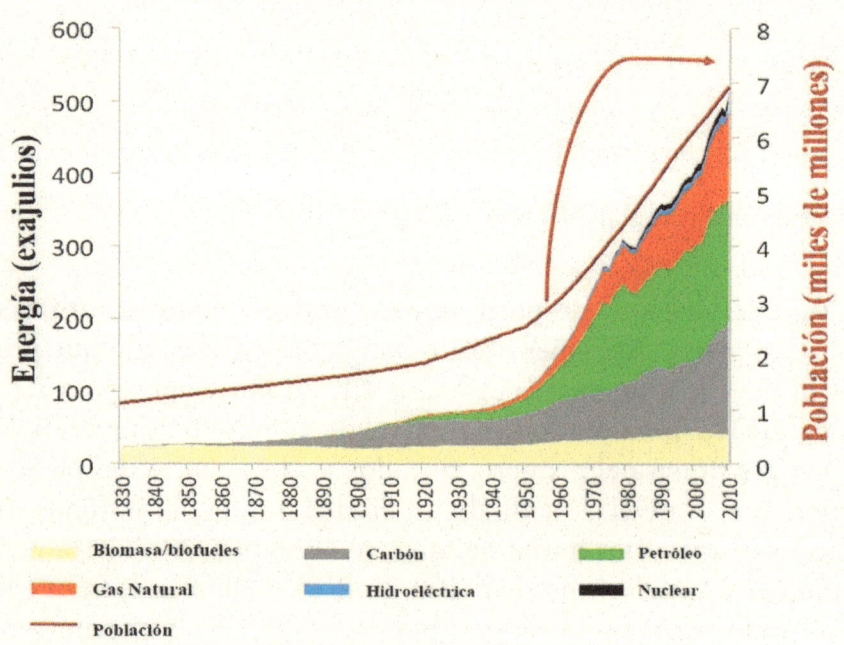

Fuente BBVA-OpenMind-Ignacio-Marti.

Este incremento del consumo y de la renta per cápita va a ocurrir en una sociedad cansada de guerras, como es la occidental. EEUU y Europa acarrean dos guerras mundiales en el último siglo e infinidad de conflictos parciales, entre ellos el proceso de descolonización y la Guerra Fría, Corea, Vietnam, Irak, Afganistán y ahora Ucrania e Israel. Una sociedad que durante las últimas generaciones —y ya van tres, puede que cuatro— ha vivido mejor que la de sus padres; una sociedad en la que cada una de las generaciones ha sido un poco más consentida que la anterior. En una sociedad así, el consumo va a aparecer como la vía de escape ideal.

Además, el incremento del consumo se va a ver favorecido por el desarrollo de la publicidad y las nuevas técnicas de venta, y muy especialmente por el despegue de los medios de comunicación de masas. La radio, el cine, la televisión y hoy en día Internet y las redes sociales, no solo sirven para entretenernos e informarnos, sino también para uniformizar los gustos y por lo tanto, la demanda. Esto es, para que básicamente, el comportamiento del consumidor sea igual ya viva en Tokio, o en París, que en Cuntis o en Coslada.

En definitiva, la combinación de un aumento continuado de la producción y de la renta, unida a la mayor facilidad de desplazamiento de la población, a la influencia de unos medios de comunicación de masas y a una ideología que tiene en la búsqueda del placer individual su máximo objetivo, nos ha llevado a un sistema económico basado en el consumo masivo y en el derroche a manos llenas. Sin lugar a dudas, somos la sociedad más consumista de la Historia. A esto hay que añadirle el hecho de que la mayor parte de esa producción y ese consumo se genera hacia y para unos pocos países, y en la mayor parte de las ocasiones, no va encaminado a la satisfacción de necesidades vitales, sino a la de meros caprichos pasajeros. Malgastamos gran parte de nuestra riqueza en modas y productos superfluos. Por decirlo más claramente, mientras más de la mitad de la humanidad se muere de hambre, un sector de la población hace del cambio de modelo del Smartphone, una necesidad vital.

III

LAS BASES DE NUESTRO MODELO DE CONSUMO

El sistema capitalista se asienta en la búsqueda del bienestar y del beneficio individual, por parte de los distintos agentes económicos. Según la teoría de *«la mano invisible»* formulada por Adam Smith hace más de dos siglos, la búsqueda del beneficio individual llevada a cabo por agentes económicos, que operan en igualdad de condiciones, tiene como resultado final que las decisiones que se toman sean eficientes y que los mercados se vacíen a un determinado precio de equilibrio. El supuesto del que se parte, tan sencillo como falso - Por lo menos en la actualidad, aunque es muy posible que en tiempos de Adam Smith fuera cierto.- es que los distintos agentes económicos, no tienen capacidad para influir en el mercado, esto es lo que se conoce en economía, como *«precioaceptantes»*. Pueden comprar y vender las cantidades que quieran, pero han de hacerlo al precio que les fija el mercado. La realidad, en cambio, funciona de otra manera y lo cierto, es que hay agentes económicos que sí que tienen capacidad para influir en el mercado y controlar y fijar precios, calidades, cantidades y otro tipo de condiciones. Como digo en *Manual de economía para ciudadanos indignados*[6]:

«El jefe de compras de una multinacional no negocia un pedido, sino que exige un precio, unas calidades y unos plazos de entrega muy determinados a sus proveedores. No conozco el caso

---

[6]   Canosa Bastos, Ricardo, *Manual de economía para ciudadanos indignados*, Ed. Guiverny, 2013.

de ningún trabajador, exceptuando estrellas de la música y el cine o deportistas de élite, que a la hora de firmar un contrato de trabajo se pongan a negociar las cláusulas que en el figuran. Todos sabemos lo que le pasaría a un trabajador, que tras superar la entrevista de trabajo, se dedicase a poner pegas a varias de las cláusulas del contrato que le colocasen delante. Los liberales gustan mucho de la imagen de la tarta, que crece y crece repartiendo, cada vez más, a cada uno de los comensales. Pero la imagen no es la de un grupo de amigos que comparten una tarta cada vez mayor, sino la de un grupo de matones comiéndose una tarta cada vez mayor, mientras el resto de los invitados se tiene que conformar con mirar y coger los escasos restos que caen del mantel al suelo».

La consecuencia de este hecho es que hoy en día no vivimos en un sistema capitalista de competencia perfecta, sino en lo que podríamos definir como una *Economía Global de Planificación Divergente, con Posiciones de Poder*. Puede que el concepto suene extraño, pero es muy fácil de comprender.

Que la economía en la actualidad es global y está completamente interrelacionada, creo que resulta obvio y es algo en lo que todo el mundo estará de acuerdo.

El concepto de 'Planificación Divergente' requiere algo más de explicación. Si nos fijamos en la estructura del PIB de las principales potencias económicas —y quiero dejar claro que estoy hablando de países como Alemania, Francia, Estados Unidos, Canadá, Reino Unido, Australia, o Corea del Sur— podemos observar que en torno a un **40%** está en manos del Estado[7] y del

---

7   Las formas de participación del sector público en la economía son muy diversas. En Europa Occidental esta participación se ha centrado en la creación de un Estado del bienestar que garantice pensiones y acceso a la educación y la sanidad. Por el contrario, los países anglosajones —con EEUU a la cabeza— han optado por un modelo que sacrifica esos servicios públicos y se decanta por la colaboración con el sector privado, sobre todo en al ámbito de la I+D+i. El *conglomerado científico-militar-industrial* norteamericano es un buen ejemplo de ello y no existiría sin la participación pública.

sector público y un 50% o 55% en manos de grandes conglomerados empresariales y empresas transnacionales como Amazon, Apple, Microsoft, Tesla o Google, que no solo están implantadas en todo el mundo, sino que también tienen la capacidad de influir en todo el mundo. El nexo común que une al sector público y a esas grandes corporaciones privadas es que en ambos casos se trata de organizaciones burocráticas y perfectamente jerarquizadas, que planifican tanto la actividad a realizar como los medios necesarios para llevarla a cabo y alcanzar los objetivos propuestos. Eso se hace tanto a corto, como a largo plazo. La diferencia con los antiguos países del Este es que aquí no existe ningún organismo de planificación centralizada, como el difunto GOSPLAN[8], que priorice los objetivos a conseguir en aras de un supuesto bienestar general. Más bien sucede todo lo contrario: cada uno de los agentes económicos planifica su actividad en función de sus propios intereses o —por lo menos— de los de su clase directiva. De ahí lo de Planificación Divergente.

En cuanto a las 'Posiciones de Poder', sucede que cada uno de los agentes económicos que intervienen en el proceso económico, goza de una posición más o menos elevada, que le permite negociar con mayor o menor fuerza. No es lo mismo ser el presidente de EEUU, de China, del FMI o de Goldman Sachs, que el alcalde de un pequeño pueblo, el gerente de una pyme o mucho menos, el currito o consumidor de a pie, que se limita a aceptar las condiciones que le imponen. De este modo, el sistema económico actual, puede ser definido como: *Una Economía Global de Planificación Divergente con Posiciones de Poder.*

Por otra parte, la lucha por el beneficio provoca que el sistema capitalista, busque el crecimiento y la expansión de los merca-

---

8   El Comité Estatal de Planificación (GOSPLAN) era el órgano encargado de la planificación económica en la extinta URSS. Su tarea consistía en coordinar los planes económicos de los distintos sectores de la economía soviética, de acuerdo con los objetivos marcados por el Partido Comunista de la Unión Soviética. A partir de 1928, con la instauración de los planes quinquenales por parte de Stalin, se convirtió en la máxima autoridad en materia económica.

dos, de forma sistemática. Esto lo consigue a través de dos mecanismos complementarios, que actúan a través de la demanda y de la oferta.

Por el lado de la demanda, busca ampliar los mercados, extendiéndolos, eliminando fronteras y trabas legales y burocráticas. La manera tradicional consistía en posicionarse en otros lugares y países. Sin embargo, en el último siglo, y muy especialmente desde la Segunda Guerra Mundial, el sistema capitalista ha sido capaz de dar un giro sorprendente, de connotaciones históricas. Por primera vez la expansión del mercado ha ido unida al establecimiento de una amplia clase media en los países más desarrollados, que, con el paso de los años, se ha transformado en uno de los tres pilares del sistema económico, junto con el gasto público y el comercio exterior. Una clase media, que pese a que aún exista muchísima miseria en el mundo, es sin duda la más numerosa, tanto en porcentaje como en cifra absoluta, de la Historia. Esa clase media dispone, o mejor dicho, disponía, antes de las actuales políticas de recortes, de un poder adquisitivo que le permitía consumir muchos de los bienes que se ofertaban, contribuyendo con ello a mantener la inversión y el empleo. Henry Ford fue el pionero que marcó el camino. En 1914, escandalizó a sus colegas capitalistas, cuando duplicó los sueldos diarios de sus trabajadores. Con esa medida consiguió varias cosas. La primera, garantizarse el poder elegir a los trabajadores más cualificados, ya que todos querían trabajar para él. La segunda, que, al aumentar el poder adquisitivo de sus trabajadores, estos pudieran aspirar a tener algo más de lo que habían tenido sus padres. Eso estimuló la economía de los alrededores y a más largo plazo la venta de sus propios vehículos. Ford llamó a este mecanismo, «*el incentivo del salario*».

Por el lado de la oferta, el capitalismo busca reducir los costes de producción, al mínimo posible. Esto se consigue fundamentalmente, a través de la división del trabajo y del desarrollo tecnológico. Pero también a través de la mediatización de la demanda. Lo que hay que conseguir, es que los consumidores compren aquello, que nos es más rentable fabricar.

La combinación de estos dos elementos ha provocado un crecimiento exponencial de la producción, en los dos últimos siglos, hasta el punto, de que la oferta de bienes actual, resulta sencillamente, apabullante. Y aquí, conviene preguntarse: ¿Qué fue antes, el huevo o la gallina? ¿Se produce más porque se consume más? ¿O se consume más porque se incentiva artificialmente para dar salida a una producción cada vez mayor?

La teoría ortodoxa nos dice que cuando coexiste un régimen de propiedad privada con un mercado en el que los agentes económicos operan en igualdad de condiciones y ninguno de ellos tiene capacidad, para influir en las decisiones que toman los otros, entonces podemos decir que nos encontramos en un mercado libre y perfecto. El problema está en que la teoría ortodoxa, encarnada en la actualidad en el movimiento neoliberal, lleva casi un siglo encerrada en su torre de marfil, intentando escapar de la realidad, para que esta no le estropee sus inmaculados modelos teóricos. Efectivamente, la ausencia de posiciones de poder y la soberanía del consumidor garantizan que las decisiones y la asignación de recursos se efectúen de manera eficiente. El problema, cómo no, radica, en que en la realidad las posiciones de poder existen, por lo tanto, ni la soberanía del consumidor, ni la asignación de recursos es tan eficiente, como la teoría asegura que es. Como escribe Guerrero[9]:

«[...] La teoría que existía como única alternativa posible a la teoría laboral, por ser la única que contaba con una tradición suficiente, era la teoría utilitarista del valor, y fue esta convertida con los marginalistas en teoría de la utilidad marginal (la derivada de la utilidad total respecto a la cantidad consumida), gracias al dominio de la técnica matemática disponible en su época, la que sirvió de base a la economía neoclásica. Sin embargo, la nueva teoría no

9   Guerrero, Diego, *Historia del pensamiento económico heterodoxo*, edición electrónica de 2004, disponible a texto completo en www.eumed.net/curse.com/librería.

podía servir de fundamento exclusivo para la determinación de los precios mercantiles, por lo que terminaron aceptando la sugerencia de Marshall sobre la necesidad de combinar la nueva teoría con lo que quedaría de la teoría clásica, una vez despojada de la categoría de valor-trabajo. Esto produjo la conocida combinación de los principios de utilidad y coste monetario de producción, que se refleja en la forma convencional, que según los manuales ortodoxos adoptan las fuerzas de mercado, representadas por una oferta y una demanda que determinan simultáneamente los precios de equilibrio de las mercancías, con la peculiaridad de que la línea de oferta no parte del origen, sino del punto en que empiece a producir la empresa que tiene un coste más bajo. Pero, dado que la nueva teoría exigía la aceptación de la idea de que los precios mercantiles reflejan simultáneamente el coste de producción y la plena satisfacción de todos los consumidores, la economía neoclásica se vio abocada, huyendo de la realidad de la explotación y el intercambio desigual, hacia la utopía pura de un mundo perfecto, caracterizado por la igualdad omnipresente de los intercambios, la armonía universal de los intereses y la permanente optimización de los planes de actuación de todos los agentes económicos. Así, los individuos-consumidores, los individuos-productores (trabajadores) y los individuos-ahorradores (capitalistas), todos ellos unidos en la búsqueda egoísta —pero 'racional'— de sus intereses particulares, nos llevarán al mejor de los mundos posibles e incluso imaginables, gracias a la intervención de una misteriosa 'mano invisible' que blande la varita mágica del 'equilibrio general'. Con ella, no solo se conseguía garantizar supuestamente el equilibrio universal y simultáneo de todos los mercados, sino también, como ha señalado Joan Robinson, la abolición del problema moral, ya que la consecuencia lógica que se deduce es que para ser socialmente óptimo y eficiente lo que debe hacer cada cual es actuar de la manera más egoísta posible».

Durante el siglo XIX y gran parte del XX, el mercado más o menos libre ha sido un mecanismo relativamente barato para asignar bienes y servicios, con un grado aceptable de eficacia. En ese sentido hay que reconocer, que, pese a todos los excesos que se han cometido en los últimos 200 años, -Incluyendo la explotación laboral e infantil, que se produjo durante la Revolución

Industrial y se ha prolongado hasta hoy en día esas condiciones de cuasi-esclavitud en fábricas del Primer y del Tercer Mundo, que trabajan para grandes multinacionales, provocando desastres ecológicos y medioambientales y un largo etcétera. Pese a todo eso y más, el capitalismo se ha mostrado como el sistema más avanzado, eficiente y justo que ha habido en toda la Historia de la humanidad. Su capacidad para sobrevivir y generar crecimiento, al tiempo que sacaba con la miseria a grandes capas de la población, ha sido muy superior a la de cualquier otro sistema económico anterior. Aun así, sigue teniendo muchas carencias, especialmente para distribuir la riqueza de forma justa y equitativa. Eso es así, hasta el punto de que hoy en día gran parte de la humanidad continúa sobreviviendo con menos de 1€ al día. En cualquier caso y de lo que no cabe ninguna duda es de que no nos estaríamos formulando estas preguntas, si el capitalismo no nos hubiera enseñado el camino del crecimiento y el progreso. Marx fue el primero en comprender eso. Por eso, su obra maestra se titula *El Capital*.

El principio fundamental del sistema capitalista tiene su razón de ser, en la existencia de la propiedad privada. Los agentes económicos tienen capacidad, para explotar, como mejor les parezca, aquellos bienes de los que son propietarios; quedándose con las ganancias que se deriven de ello. Y ese derecho predomina sobre cualquier otro, incluidos los que puedan tener sus congéneres, que pasan hambre y frío.

Tal y como dije antes, según la teoría ortodoxa, el intercambio de los bienes y servicios se efectúa de una manera libre y por lo tanto, entre agentes que no disponen de capacidad para influir en el precio, lo que lleva a un punto de equilibrio entre compradores y vendedores, en el que se vacía el mercado, a un determinado precio. Esto es lo que se conoce como la *ley de la oferta y la demanda*. A su vez, este equilibrio entre la oferta y la demanda tiene la virtud de garantizar el pleno empleo de los recursos productivos y por lo tanto la ausencia de crisis de sobreproducción.

Dado que toda oferta genera su propia demanda, no puede existir sobreproducción. Es lo que se conoce como la *ley de Say*.

Sin embargo, en el último siglo, y de manera especialmente significativa en las últimas décadas, hemos vivido un proceso de concentración de la riqueza. Proceso que, pese a lo denostado que está, desde la caída del Muro de Berlín, ya había sido anticipado por Karl Marx. El dinero se ha concentrado en las grandes fortunas familiares, empresas multinacionales y fondos de inversión. Esa élite laboral que economistas como Piketty y Sanz llaman *working rich*, o *trabajadores ricos*. Gente que no es la dueña de los medios de producción pero que puede disponer de ellos a su libre antojo, sin asumir ninguno de sus riesgos. En la práctica, la aparición de estos *working rich* supone el ascenso al poder de una nueva clase social y, por lo tanto, la instauración de un nuevo sistema económico, que diría el amigo Karl.

Por otra parte, la concentración de la riqueza no se ha debido a que estos agentes sean más eficientes que los demás —tal y como asegura la teoría ortodoxa— sino más bien al hecho de que ocupan una posición de poder y privilegio que les permite influir en el proceso económico y, por lo tanto, beneficiarse de él. Para hacernos una idea de la magnitud de este proceso, basta decir que, la participación del sector financiero en el PIB de Estados Unidos casi se duplicó entre 1980 y 2006, justo antes del inicio de la Gran Recesión, pasando del 4,9% al 8,3%. Esto, en una economía del tamaño de la estadounidense, supone que el sector financiero ha incrementado su participación en la riqueza nacional en cerca de 600.000 millones de dólares.

El crecimiento de los activos financieros

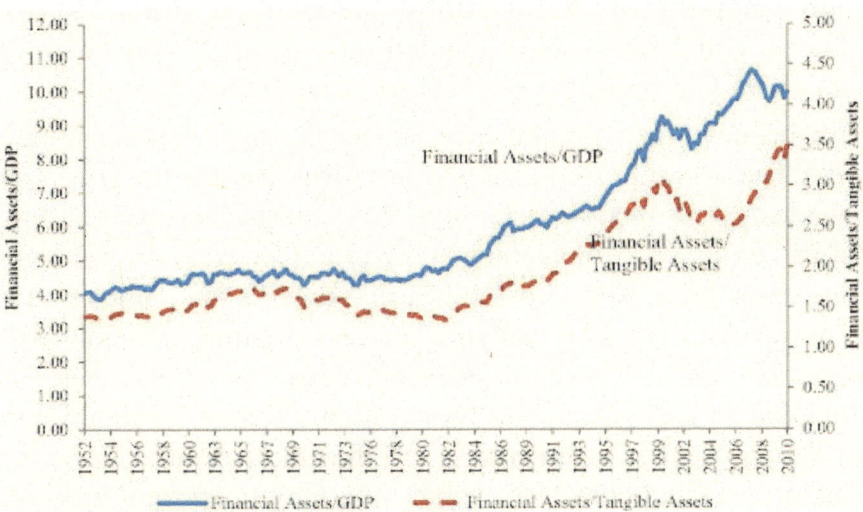

Fuente: martinsidwell.com.

Participación del sector financiero en el PIB de diversos países

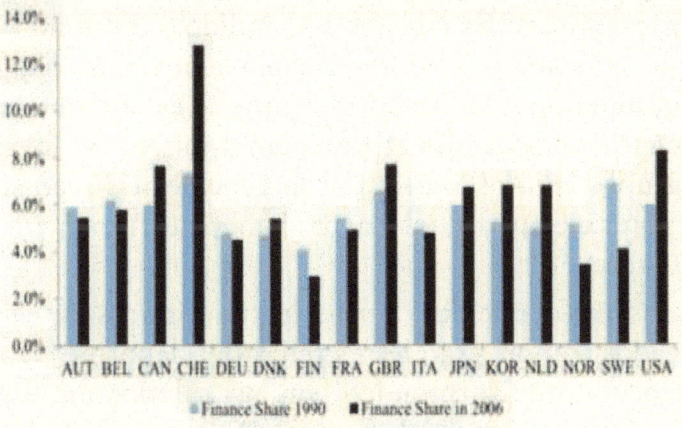

Fuente: agupacionprofesionales.com.

El hecho, aparentemente inocuo, de que grandes empresas y fondos controlen la mitad de la economía y que lo hagan a través de un grupo de técnicos cualificados, que pasan del sector público al privado o viceversa con la misma facilidad que lo hacen los deportistas profesionales al cambiar de club, ha terminado por afectar al concepto de la propiedad tal y como lo concebíamos hasta ahora y lo ha hecho en dos aspectos fundamentales.

En primer lugar, por el mero hecho de que la inmensa mayoría de esas grandes empresas están dirigidas por un grupo de abogados y gerentes profesionales, que, aunque no son sus dueños, se comportan como tales en la práctica. Algo que el gran economista John Kenneth Galbraith[10] definió hace años como «tecnoestructura» y que vienen a ser esas organizaciones formadas por ejecutivos y gerentes especializados, que operan bajo los principios de la organización burocrática y toman las decisiones que tienen que tomar en base a la información recibida y a un proceso perfectamente planificado, que muy poco tiene que ver con el libre juego de la oferta y la demanda.

Obviamente, y como no podía ser de otra manera, estos ejecutivos tienden a defender sus intereses antes que nada; incluso por delante de los de su organización y sus teóricos superiores, los dueños o accionistas. Este hecho ha tendido a difuminar el concepto de propiedad tal y como lo conocíamos. Los accionistas, que son los auténticos dueños de la empresa, es raro que se hagan notar, exceptuando los que representan a fondos de inversión y grandes grupos empresariales. Por lo general más bien se dejan guiar por estos ejecutivos, tal y como lo haría un rebaño de ovejas por sus pastores.

Los casos más conocidos de este tipo de técnicos especialmente cualificados son las grandes estrellas del deporte y el mundo del espectáculo, que sorprenden con sus salarios multimillonarios y sus extravagancias y derroches. Beyonce, Di Caprio, Lebrón o Messi, son los típicos. Pero en realidad ellos solo son los bufones de la nueva clase social ascendente. Los realmente importantes son aquellos agentes que pueden pasar de la Comisión Europea, del Tesoro o de la FED a compañías privadas y

---

10   Galbraith, J.K., *El nuevo estado industrial*, Ed. Sarpe, 1984.

viceversa. Blinken, Borrell, Lagarde, Rato o Summers, son casos típicos de esos *working rich*. Gente que puede disponer de grandes sumas de dinero, pero que al mismo tiempo, y dado que solo son trabajadores, no asumen las pérdidas que se derivan de las operaciones que realizan, ni de los quebrantos patrimoniales que puedan ocurrir. Si el negocio sale bien cobrarán su salario y un jugoso bonus; si sale mal, cobrarán su salario y el bonus será algo menor. En el caso de los responsables políticos resulta aún peor. Ahí siempre pagan los mismos: los ciudadanos, y rara vez los políticos asumen asume la menor responsabilidad por los desastres ocasionados. El resultado de ese juego trucado es que la tendencia al riesgo se acrecienta, dado que no hay posibilidad de perder. Si sale bien, habrá negocio y comisión. Si sale mal, pagará la compañía o 'Papá Estado'. En cualquier caso, el negocio es seguro al cien por cien.

Los 'bonus' que se otorgan a los directivos del sector financiero y otros son realmente paradigmáticos de la actitud con la que se funciona en esos sectores. Uno se convence a sí mismo de que lo que recibe es lo mínimo que se merece, dada la gran dedicación y responsabilidad que requiere su cargo. Cuando la empresa va bien, e incluso cuando va mal, los altos cargos —que no los dueños, pero que en la práctica funcionan como tales— se conceden grandes beneficios, no porque sean mejor que sus subalternos, sino porque ellos ocupan una posición de poder que les permite fijar sus propios salarios, algo que no puede hacer el resto de los trabajadores. La justificación oficial suele ser el aumento de la cotización de las acciones, la productividad, la rentabilidad, o cualquier otro baremo, que hayan elegido ell@s mismos. El truco está en atribuirse casi en exclusiva las mejoras que se hayan producido en el conjunto de la organización, algo que va contra toda lógica. En cualquier gran empresa en la que trabajen cientos o miles de personas, los méritos suelen ser más colectivos que individuales y obedecen más a la implantación de ciertas prácticas y protocolos, que a la genialidad de un determinado directiv@.

Pero cuando hay una jugosa bonificación en efectivo, esa parece ser una consideración ética, que no viene al caso.

El caso de Bankia, una entidad en la que el Estado español ha tenido que inyectar más de 22.000 millones de euros, para salvarla de la quiebra y en la cual sus directivos han gozado de prebendas, como tarjetas de crédito a cargo de la empresa, para sus gastos personales; préstamos a interés preferencial y salarios de escándalo, que al parecer no implicaban ninguna responsabilidad, ni civil, ni penal, es sencillamente de libro.

El segundo aspecto que afecta al concepto de propiedad es la diferencia, cada vez más evidente, entre los beneficios públicos y los privados. *El teorema de Coase* nos dice que si las leyes de propiedad son claras y seguras y los costes de transacción son bajos, esto es, aquellos que se derivan de la negociación entre los agentes, la intervención del Estado para corregir una externalización, debería de ser mínima[11].

El problema radica, en que esos costes de transacción no siempre son mínimos y ni siquiera las leyes de propiedad están siempre claras. ¿A quién se puede atribuir la propiedad, o incluso la defensa del Océano Atlántico? ¿A los pescadores que faenan en él? ¿A las compañías navieras? ¿A los grupos ecologistas que disfrutan del entorno natural? Lejos han quedado los tiempos en los que se podía afirmar que *«lo que es bueno para General Motors, es bueno para EEUU»*. Hoy en día, en nuestras sociedades hiperconsumistas, en las que el origen de un producto es dudoso, porque sus componentes han sido fabricados en distintos países y en las que la naturaleza apenas comienza a ser un lejano recuer-

---

11   Una externalización es un efecto derivado de una determinada actividad económica, que repercute en un tercero, o en varios, ajenos al proceso. La externalidad es negativa cuando su efecto es perjudicial, y positiva cuando es beneficiosa. La instauración de una fábrica en un determinado lugar, genera ruido y contaminación —externalidad negativa— pero al mismo tiempo genera empleo y actividad económica en la zona —externalidad positiva—. En casos así, la negociación privada entre agentes es imposible, debido a la multitud de afectados. Por lo tanto, se hace necesaria y obligatoria la intervención pública.

do, empezamos a ser conscientes de las consecuencias y problemas, que eso genera y precisamente por ello, la intervención pública se hace más necesaria que nunca. Ahora sí, una cosa es que haga falta intervención pública y otra que esta deba hacerse de cualquier forma, o en base a prejuicios ideológicos.

El mito del crecimiento, está muy arraigado entre nosotros. Pero llegado un cierto nivel, el crecimiento porque sí, es algo que hay que empezar a cuestionarse.

La teoría económica nos dice, que cualquier empresa va a intentar reducir al mínimo sus costes, para así maximizar sus beneficios. Pero el hecho de que una serie de empresas incrementen la producción y sus teóricos beneficios, no quiere decir que eso mismo deba de ser lo más beneficioso para el conjunto de la sociedad. Con el incremento de la producción, también se incrementan una serie de costes, que con el actual sistema económico las empresas no asumen como propios y que, por lo tanto, no reflejan en el precio de sus productos. Son costes que las empresas trasladan al conjunto de la sociedad, —las externalidades negativas de las que hablábamos antes— y que por lo tanto, le salen gratis. Entre otras muchas tenemos la contaminación, la pérdida de recursos naturales y paisajísticos, el mayor número de accidentes de tráfico derivados de un aumento en la producción de automóviles y un largo etcétera.

Llegados aquí, me gustaría hacer un pequeño inciso sobre el concepto de coste. Aunque por lo general su concepto suele ser claro, en determinados casos, obedece a una definición legal y por lo tanto arbitraria. La contabilidad y el derecho son una creación humana, tan artificiales como puedan serlo el código morse o el de circulación. Eso, por supuesto, no ha sido obstáculo para que la contabilidad se haya mostrado como una de las herramientas más eficaces para el mantenimiento del sistema económico y del status quo actual. Desde sus orígenes, toda la ciencia contable ha estado orientada a defender los intereses de la propiedad privada. Si talamos un bosque, en el activo contable aparece la valoración monetaria de los metros cúbicos de madera extraída y en el pasivo los costes derivados de maquinaria, salarios, etc. Pero lo que no aparece por ninguna parte son una serie de costes que nos afectan a todos, tales como los paisajísticos, la calidad del aire, el hecho de que los árboles tarden años en crecer y que son la única fábrica de oxígeno de la que disponemos, etcétera.

Sería perfectamente factible crear un sistema contable que incrementase o redujese el PIB, en un 20 o un 25%. Si quisiésemos aumentarlo, bastaría con contabilizar a favor, todos los trabajos altruistas y gratuitos, que se efectúan en el conjunto de la sociedad, como son el cuidado de ancianos y enfermos, los trabajos de voluntariado o incluso el que se realiza en el hogar por las amas de casa. Por el contrario, para reducir el PIB, bastaría con introducir en la contabilidad, una serie de costes, que pagamos todos, porque a todos nos afectan, tales como el aumento de la polución, el tiempo perdido en los atascos de tráfico, la pérdida de paisajes y otros muchos.

El problema es que muchos de esos costes son de difícil estimación. Así que la solución que ha arbitrado nuestro actual sistema contable, para esta cuestión pasa sencillamente, por no tenerlos en cuenta. Una solución bastante peculiar, ya que nos encontramos todos los días con aquello, cuya existencia negamos.

Obviamente, lo ideal sería que la instauración de un sistema alternativo de estas características se hiciese de forma gradual y complementaria con otras medidas, ya que podría ocasionar graves problemas de empleo y reparto de la renta. No sé si seremos capaces. Lo que sí que empieza a estar claro, es que debemos de hacer algo y rápido, si queremos salvar este planeta. Un planeta que, más que señales de agotamiento, lo que está haciendo es enviarnos llamadas desesperadas de auxilio y que de momento, es del único que disponemos.

En algún punto de la segunda mitad del siglo XX, la humanidad del mundo más desarrollado ha dado un salto cualitativo. Por primera vez en la Historia hemos pasado de tener unos sistemas económicos que más mal que bien, buscaban satisfacer necesidades, a un sistema económico que busca satisfacer deseos, algo que por definición es imposible. El consumo físico, en el que se movían las sociedades tradicionales, tenía sus límites (la cantidad de filetes, de bebida o de cualquier bien físico que se puede consumir es limitada), pero sin embargo, los sueños y los deseos son insaciables. El sistema económico actual basado en el consumo compulsivo y en la creación de necesidades artificiales entre los consumidores, y que veremos de forma más detallada en el siguiente apartado, conlleva una necesidad de producción y reposición continua de bienes, que satisfaga a esa masa ingente de consumidores. Bienes, que en demasiados casos se repiten con variedades mínimas y cuya única diferencia práctica, radica en el nombre comercial. Existen decenas de marcas de cereales, que se remiten a siete u ocho combinaciones básicas. Esto supone un derroche de recursos, que no solo conlleva un malgasto sino una asignación ineficiente de los recursos y factores, que ahonda un poco más en la insostenibilidad del sistema económico actual. Un interesante experimento económico consistiría en seleccionar un grupo de consumidores e investigar su capacidad para distinguir las distintas marcas de un mismo producto, por ejemplo, cereales. ¿Cuánto disminuiría la utilidad real si en vez de poder elegir entre varias decenas de marcas comerciales que venden básicamente el mismo producto, solo pudiera hacerlo con siete u ocho variedades básicas sin ningún tipo de distintivo comercial?

IV

LAS CONSECUENCIAS DEL CONSUMISMO

Como decía anteriormente, nuestro sistema productivo actual, por lo menos en las sociedades más avanzadas, se basa en el consumo masivo. Si miramos el asunto desde una perspectiva global, no es que consumamos más de lo que precisamos para vivir, es que derrochamos a manos llenas. De lo que se trata en la actualidad, no es ya de consumir para garantizar nuestra supervivencia, sino para mantener un determinado status social. En ese sentido, hay que reconocer que la hipótesis de la *«renta relativa»*, de Milton Friedman, resulta bastante plausible. Lo que esta teoría viene a decir es que la función de consumo no está relacionada con el ingreso de un determinado año, sino con el que se espera obtener a lo largo de la vida, en base a unas expectativas, más o menos fundadas. En otras palabras, a partir de un determinado nivel de renta, en el que las necesidades básicas ya están cubiertas, el consumo se basa más en el grupo social al que se pertenece que en la satisfacción de necesidades vitales. El ritual de la clase media urbana acudiendo en masa a los grandes centros comerciales los fines de semana y teniendo ocupados a sus hijos con interminables jornadas de actividades extraescolares es idéntico en todos los países avanzados, independientemente de la latitud geográfica en la que estén situados, y creo que resulta muy significativo del tipo de sociedad en que vivimos. Los sucesivos casos de sobreendeudamiento tanto empresarial, como estatal o individual, con los que nos encontramos todos los días —personas que piden un crédito para financiar un viaje de placer, o empresas o Estados que emiten deuda para financiar gasto corriente— así parecen rubricarlo. Según la teoría económica dominante en la actualidad, solo se trata de agentes económicos que han sobrevalorado sus expectativas. Lo que la teoría no parece tener en cuenta, es que son muchos los que se equivocan con sus expectativas. Quizás el problema es que el sistema no sea tan eficiente como asegura la teoría económica.

Este consumo ha crecido de forma exponencial durante el último siglo, y muy especialmente en los últimos cincuenta años. Como vimos en gráficas anteriores, el consumo de energía eléctrica se ha multiplicado por 10 en los últimos 150 años. El de pescado lo ha hecho por 6 en el mismo periodo y el de carne se ha más que duplicado en los países desarrollados en los años comprendidos entre 1960 y 2000, alcanzando una media de 78,3 kg/habitante año, lo que sencillamente supone que hay países que consumen más de 100 kg por habitante y año y ciudadan@s que se comen varias vacas al año.

Por supuesto, este hecho no ha sido un obstáculo para que grandes sectores de la población hayan sido excluidos del reparto, sobre todo en eso que conocemos como Tercer Mundo, aunque también en el Primero existen amplias bolsas de pobreza. Como decía un filósofo, el mayor problema de la renta per cápita es que trata de una media aritmética. Eso quiere decir, que si yo tengo 100 vacas y tú ninguna, la media aritmética, dice que tenemos 50 vacas cada uno; lo cual en principio no está nada mal, salvo que es mentira. Para evitar este tipo de problemas fue para lo que inventaron las medidas de dispersión en estadística[12]. Pero

12   Las medidas de dispersión, también llamadas de variabilidad, nos muestran cuánto se alejan los distintos resultados de una función estadística de la media. Cuanto mayor sea ese valor, mayor variabilidad y más dispersa será la función, y cuanto menor sea esa medida, más homogénea será la muestra y más se acercará la media a la realidad.

La manera de calcular la variabilidad de una distribución respecto a su media consiste en restar los resultados individuales, de la media aritmética. Pero maa este tipo de medidas rara vez se alude desde el mundo de las altas finanzas y la política de Estado.

En los 24 años que llevamos de siglo hemos vivido la crisis de las puntocom, la Gran Recesión de 2008 y la crisis de la pandemia del covid-19, que llevó al cierre de la economía. Tres crisis en apenas veinte años, de las cuales, las dos últimas han sido estructurales, o si se prefiere sistémicas, esto es, capaces de poner al sistema contra las cuerdas. Pero lo peor es que ya vamos camino de la cuarta y de la quinta, ocasionadas por las guerras de Ucrania y Palestina.

En ese mismo periodo de tiempo, la pobreza no ha hecho más que crecer y no solo lo ha hecho en el Tercer Mundo, sino también en amplias capas sociales de Europa Occidental y Norteamérica. De hecho, la regresión económica ha sido de tal magnitud, que resulta cuestionable que algunas economías europeas —entre ellas España— puedan pertenecer hoy en día a lo que se conoce como países desarrollados. Según el INE, en el año 2022 había 1.023.000 hogares con todos sus miembros en situación de desempleo. España es el tercer país de la Unión Europea con mayor riesgo de pobreza, solo por detrás de Rumanía y Bulgaria, el 26,5% de la población. La evolución del Índice Gini, tampoco deja lugar a muchas dudas, pese a todas las promesas de los líderes, tal y como podemos apreciar en las siguientes gráficas.

---

temáticamente hablando, la suma de las desviaciones siempre es cero. Existen dos tipos de estrategias para solventar este problema. Una es tomando las desviaciones en valor absoluto —desviación media— y la otra consiste en elevar las desviaciones al cuadrado, para que resulte un valor positivo —varianza—. En Economía, las medidas más comunes para medir la desviación con respecto a la renta per cápita son el Índice Gini y la Curva de Lorenz.

El Índice Gini mide la desigualdad en la distribución de la riqueza de una determinada sociedad. Su escala de valores se mueve entre 0 y 1, siendo 0 el punto en el que todos los habitantes disponen de la misma renta, y 1 aquel en que un habitante tiene toda la riqueza y los demás no tienen nada.

La curva de Lorenz es la representación gráfica del mismo problema. La igualdad absoluta coincide con la línea de 45º que parte del origen del cuadrante. En una situación de desigualdad absoluta, la curva coincidiría con el eje horizontal justo hasta el punto final del cuadrante, en el que subiría recta en un ángulo de 90º.

Evolución del Índice Gini por áreas geográficas

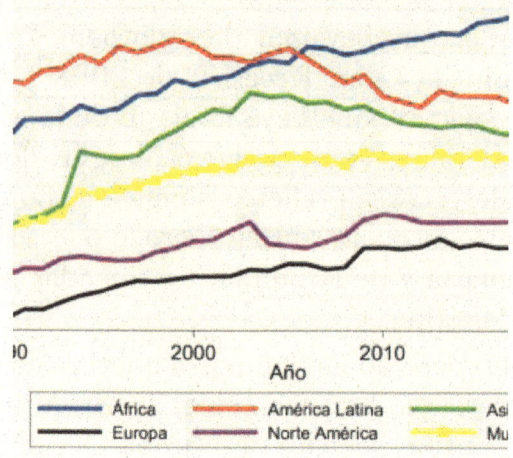

Fuente: ResearchGate. Leonardo Raffo López Universidad del Valle (Colombia)Edwin Arbey Hernandez National University of Colombia.

Evolución del Índice Gini en España

Fuente: INE.

En la primera, vemos la evolución del Índice Gini a nivel mundial, desde los años 90 del siglo pasado. La tendencia creciente de los primeros años coincide y no es casualidad, con la caída del Muro y la entronización del capitalismo como único sistema económico posible. Son los años salvajes de la desregulación y el liberalismo a ultranza, que tanta miseria causaron. Los años que van del ascenso de Reagan a principios de los 80, hasta la crisis financiera de 2008 y que alcanzaron su culmen con el derrumbe de la Unión Soviética en 1989. Es cierto que en los últimos años se observa una tendencia a la estabilización. Pero esa estabilización se produce en los valores más altos de la serie, es decir, en los más desiguales. Eso es así, incluso en las ricas sociedades de Europa Occidental y Norteamérica.

La segunda gráfica se refiere a la evolución de España y destaca el hecho de que los aumentos de desigualdad, se disparan en las dos crisis sufridas en los últimos quince años. El primer pico es en 2013, cuando ya se habían hecho la mayor parte de los recortes y ajustes necesarios en el sector público para rescatar al sistema bancario privado. El segundo pico es en 2020, cuando se decretó el confinamiento de la población y la paralización de la economía para frenar la expansión de la pandemia.

Pese a que ambas crisis fueron sistémicas, las diferencias entre una y otra resultaron enormes. La primera fue financiera, causada por la avaricia de los bancos y la ausencia de regulación estatal, tras tres décadas de monetarismo a ultranza y se cebó en la destrucción del empleo, al verse implicadas muchas empresas industriales y de servicios, que habían invertido sus excedentes de tesorería en *subprimes* y demás productos derivados. La segunda fue sanitaria y sirvió para mostrar en toda su crudeza, algunas de las consecuencias menos agradables, de esa globalización masiva, que hemos vivido en las últimas décadas. Las consecuencias sobre el empleo no fueron tan graves, en gran parte gracias a mecanismos como los ERTEs; eso sí, a consecuencia del confinamiento hubo caídas del PIB de dos dígitos, que no se veían desde los tiempos de la Guerra Civil y la Segunda Guerra Mundial.

En cualquier caso, la cosa no pinta nada bien, tanto por la sucesión de crisis —cada vez más frecuentes—, como por el hecho de que las respuestas que se dan desde el plano político —y esto vale tanto para los partidos de derecha, como para los de izquierda— obedecen a análisis que, en el mejor de los casos, fueron efectuados cincuenta o cien años atrás. Políticas que fracasaron y, lo que es peor, que no tienen nada que ver con la sociedad actual. Pero de esto, ya hablaremos un poco más adelante.

A todo esto, hay que añadirle otro hecho que se ha producido en los últimos años, el aumento de la precarización en el trabajo, incluso en los países más avanzados y ricos. Este fenómeno ha sido de tal magnitud, que hoy en día tener un trabajo e incluso dos, no garantiza salir de pobre. Millones de ciudadanos viven pendientes del teléfono, esperando que una empresa les llame para cubrir un turno mal pagado de 8 horas, con un parón en el medio de 2 y un nuevo turno de ocho, en el mejor de los casos. Todo ello acompañado de los consiguientes desplazamientos, de un extremo a otro de la ciudad. Creo que como mínimo resulta cuestionable calificar de desarrollados a países con unas condiciones laborales que impiden que gran parte de su ciudadanía pueda desarrollar cualquier proyecto de vida, que no pase por la mera supervivencia.

Por lo general el incremento de la desigualdad no suele tener más consecuencias que las que sufren los individuos afectados. Ahora bien, las sociedades son como las ollas al fuego, aguantan hasta que alcanzan una determinada temperatura y presión. Los incidentes en Francia, EEUU, Israel, Brasil, o la propia España, que se han producido en los últimos años y el ascenso de partidos populistas y antisistema, de derecha e izquierda, son un buen indicativo del grado de desafección que estamos alcanzando.

Como ya señalé antes, este aumento del consumo se ha producido en un mundo de cambios crecientes; cambios que muchas ocasiones se han producido a tal velocidad, que no hemos dispuesto de tiempo para preguntarnos si ese era el camino que queríamos seguir; o cuáles podían ser las consecuencias derivadas de nuestros actos. Por decirlo más claramente, hemos perdido no solo el norte, sino los cuatro cuadrantes, y ya no tenemos ningún punto de referencia al que aferrarnos. Lo poco que sabemos con certeza es que no hay nada gratis y que las consecuencias, no solo existen, sino que, tarde o temprano, se terminan pagando.

Desde los años 80 del siglo pasado el planeta Tierra ha empezado a mostrar signos de agotamiento. Es cierto que los seres humanos hemos interactuado con el medio ambiente desde el principio de los tiempos y que incluso hay serios indicios de que las comunidades primitivas ya efectuaron grandes talas y quemas de bosques, así como otros muchos daños en el ecosistema. Sin embargo, resulta obvio que en los últimos 200 años hemos dado un salto cualitativo, que nos ha permitido pasar a otro nivel en nuestras relaciones con la naturaleza. Una relación que ha pasado del parasitismo —aprovecharnos de lo que nos ofrecía a una dominación cuasi absoluta— por parte de los humanos. Una dominación que hay que decirlo, ha ido mucho más allá de buscar la satisfacción de nuestras necesidades básicas y nos ha llevado a una sobreexplotación de los recursos. Hoy en día la situación es grave. En un futuro no muy lejano, puede ser peor.

Este salto cualitativo y cuantitativo que hemos dado en el último medio siglo, se ha producido de forma simultánea en tres planos de la realidad. Estos planos son el ecológico, el económico y el social.

1. Cambios ecológicos

En lo referente a los cambios ecológicos que están afectando al conjunto del planeta, he decidido ceñirme a lo que dice un organismo tan poco subversivo y revolucionario como pueda ser la Organización para la Cooperación y el Desarrollo Económico (OCDE). Su informe *Environmental Outlook to 2050: The consequence of inaction*[13], publicado en 2014 y hasta ahora el último que se ha hecho, es sencillamente demoledor y prevé, que si el

---

13 *Environmental Outlook to 2050. The consequence of inaction,* OCDE, 2014.

modelo económico continúa funcionando tal y como lo hace en la actualidad, la situación medioambiental del planeta se agravará notablemente, pudiendo llegar a ocasionar consecuencias nefastas, no solo para la economía mundial, sino también para la supervivencia de las distintas especies que habitamos en el planeta. Nada nuevo, ya que la revisión de Meadows[14], del legendario informe del Club de Roma, sobre los límites del crecimiento económico, con motivo de su 30 aniversario, incidía en lo mismo y afirmaba que la humanidad ya había traspasado los límites del crecimiento económico y que en consecuencia, un colapso futuro no solo era más difícil de evitar sino que exigiría una fase más prolongada de decrecimiento económico, esto es de des-desarrollo.

Aunque existieron pioneros como Ruskhin, Tolstoi o Thoureau, la teoría del decrecimiento económico, fue enunciada por Nicholas Georgescu-Roegen, en la obra ya citada *The Entropy law and the economic process* y formalizada por el Club de Roma.

Georgescu estimó con razón que el modelo neoclásico no tenía en cuenta el segundo principio de la termodinámica, por el que la materia y la energía tienden a degradarse con el uso y el paso del tiempo. El aumento de la entropía, ocasiona una pérdida de recursos, que en la mayor parte de los casos es irreparable. Las materias primas necesarias para construir un automóvil son fragmentadas y diseminadas a lo largo y ancho de todo el planeta, lo que hace imposible su posterior reutilización. En cuanto a la energía y el tiempo empleados en el proceso productivo, sencillamente desaparecen.

Según el mencionado informe de la OCDE, las nueve consecuencias medioambientales más inquietantes y el coste de la no intervención son las siguientes.

---

14   Meadows D., Randers J y D., Meadows. *Limits to growth, The 30 year update*. White river Junction (VT), Chelsea Green.

1.2. Energía

La demanda energética mundial será un 80% mayor en 2050 de lo que lo es en la actualidad. Esto quiere decir que el ritmo actual de crecimiento en el consumo de energía, resulta sencillamente insostenible, por lo menos sin un cambio en las políticas energéticas y económicas. Un par de datos bastarán para aclarar el tema. A fecha de hoy, el 85% de la energía que consumimos procede de los combustibles fósiles. Por otra parte, el petróleo se está consumiendo cuatro veces más deprisa de lo que se descubre. La consecuencia obvia es que la relación entre reservas y demanda creciente está declinando peligrosamente. La propia Agencia Internacional de la Energía (AIE) estima que solo hay reservas de petróleo hasta el año 2050. Pretender cambiar el sistema económico en tan poco tiempo, sin asumir un coste social enorme entra más dentro del campo de los milagros que del de la economía. Y, sin embargo, la única posibilidad de supervivencia que tenemos, pasa por ese camino y por un cambio radical de modelo económico. El problema es que no disponemos de tiempo para hacerlo. Como dice Youngquist[15], hoy en día no existen alternativas energéticas capaces de mantener el consumo de la actual estructura industrial y mucho menos, su histórica tendencia expansiva. Tampoco hay garantía alguna, de que tales alternativas sean descubiertas en un plazo más o menos breve y en el caso de que lo sean, que puedan ser desarrolladas a tiempo.

Es cierto que políticas encaminadas hacia una mayor eficiencia y una menor contaminación, así como el uso de nuevas tecnologías, pueden ayudarnos a ganar tiempo e incluso a incrementar las reservas energéticas. El caso más significativo, es el del '*fracking*'. ¿Puede ayudarnos? Sí. ¿Es un milagro destinado a cambiar el mundo? No. En primer lugar porque ningún desarrollo científico puede paliar un incremento desaforado del consumo, más basado en los deseos que en las necesidades. Segundo, porque

15 Youngquist, W. Geodestinies: *The inevitable control of Earth resources over nations and individuals*. Portland (OR) National Book Co, 1997

la mayor parte de las veces desconocemos casi todo, sobre los efectos que puede tener a largo plazo el uso de una determinada tecnología. En el caso del '*fracking*', tendríamos que plantearnos sus consecuencias a medio y largo plazo, en cuestiones tan elementales como puedan ser su incidencia sobre la estabilidad del terreno, o la contaminación sobre los acuíferos. Pero, igual que hacen las avestruces, escondemos la cabeza bajo tierra, o miramos hacia otro lado.

Reservas estimadas de petróleo. Pico Hubbert

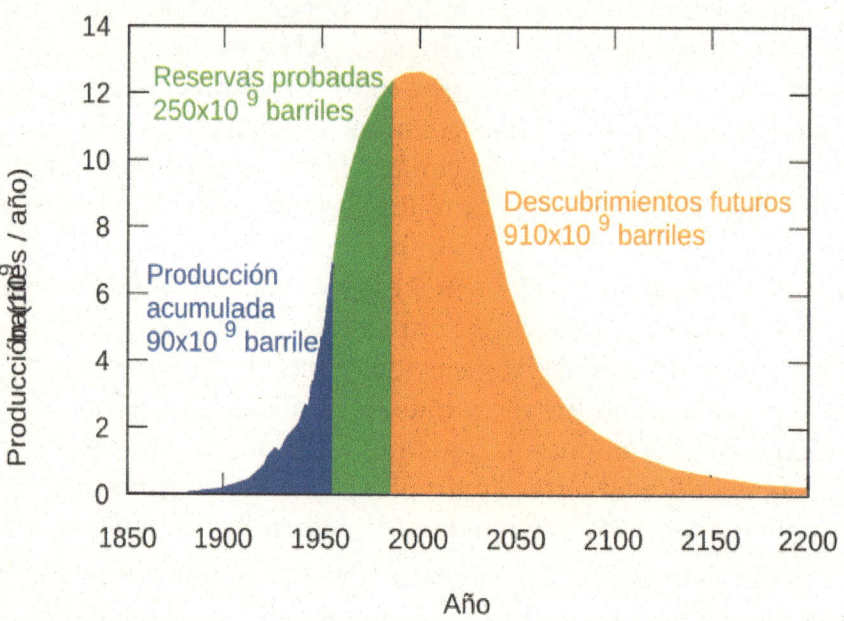

Fuente: Wikipedia.

1.2. Emisiones

Las previsiones dicen que las emisiones de gases a la atmósfera se incrementarán como mínimo en un 50%, en las próximas décadas. Esto provocará, que la concentración de gases de efecto invernadero alcance las 685 partículas por millón (ppm), cuando la comunidad científica ya establece, que 450 ppm expone al planeta a gravísimas consecuencias climáticas y a sus habitantes a problemas de salud.

Otras previsiones más pesimistas establecen, que a finales del siglo XXI se llegará a las 1.000 ppm. Para que el lector se haga una idea de las consecuencias sanitarias de este hecho, una evaluación llevada por la Organización Mundial de la Salud (OMS)[16], que solo tenía en cuenta algunas de las posibles consecuencias sanitarias, estimaba que el leve calentamiento global de temperatura, producido desde 1970, era el causante de unas 140.000 muertes anuales en el año 2004. Mejor no saber a cuánto ascendería la cifra actual y mucho menos, las estimaciones de los próximos treinta, cuarenta o cincuenta años.

El último informe del Panel Intergubernamental sobre el Cambio Climático (IPCC, por sus siglas en inglés) de la ONU[17] —formado por 830 científicos y un perfecto ejemplo de organismo políticamente correcto—, publicado en 2022, incide en lo mismo: Las emisiones a la atmósfera de CO_2 se han multiplicado por 2,5 en los últimos 50 años y la brusca caída que se observa al final de la gráfica es consecuencia del parón económico, ocasionado por la pandemia del COVID-19.

Si hubo dos grandes beneficiadas por la pandemia fueron las compañías farmacéuticas, que multiplicaron sus beneficios y su cotización bursátil y la Madre Naturaleza. Hacía muchos años que las estrellas no brillaban sobre el cielo de las grandes ciuda-

---

16   *Global health risks: mortality and burden of disease attributable to selected major risks*. Wordl Health Organization, Geneva, 2009.

17   www.ipcc 6º Informe de Evaluación,2022.

des. El pico descendente que observamos en la gráfica en 2020 no es una casualidad, sino la consecuencia de una calamidad. Por desgracia, los seres humanos somos así.

Evolcuión de las emisiones diarias de CO_2 procedentes de combustibles fósiles

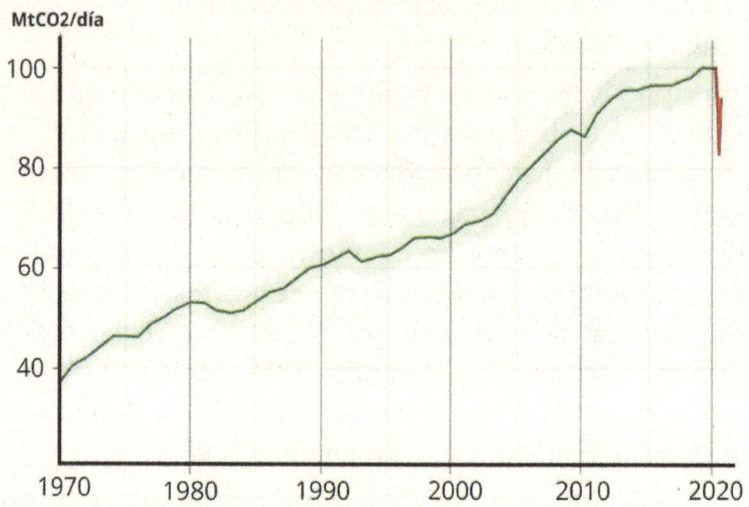

Fuente: Europapress.

El mismo informe asegura que es absolutamente necesario recortar las emisiones, entre un 40 y un 70% antes del año 2050 y conseguir el nivel 0 de emisión, antes de que acabe el siglo XXI. De no hacerse así, el informe augura gravísimos problemas en campos como el medio ambiente, la salud, la seguridad alimentaria, la pobreza o el clima. Por cierto, señalar que dos tercios de esas emisiones, proceden de apenas 90 empresas, entre las que se encuentran algunas tan conocidas como BP, Shell, Gazprom, Repsol, Chevron y Exxon.

No sé qué más pruebas necesitan los negacionistas del cambio climático. Aunque la verdad sea dicha, ell@s son los que menos me preocupan, dada su carencia de argumentos. Los peligrosos de verdad son esos señor@s de traje y con puestos muy importantes, tanto en el sector público como en el privado, que dicen que están de acuerdo en lo malo y pernicioso que es el cambio climático y sus efectos, pero que hay que acometer los cambios de forma gradual, a través de un vago concepto llamado *crecimiento sostenible*, del que hablaremos un poco más adelante, ya que de lo contrario, las consecuencias económicas podrían ser nocivas.

Claro que las consecuencias económicas van a ser nocivas. Estamos hablando de que nos vamos a cargar el planeta, si no somos capaces de modificar nuestro estilo de vida. Creer que algo así se puede hacer sin consecuencias ni dolor resulta absurdo. La única explicación plausible para semejante actitud pasa por las generosas atenciones y detalles que nuestros dirigentes reciben de esas 90 empresas y de otras muchas, de las que hablábamos en el párrafo anterior.

1.3. Temperatura

Si no se producen cambios en el actual sistema económico, el planeta experimentará un aumento de temperatura de entre 1,8 y 4 grados a finales del siglo XXI, según el mismo Grupo de expertos intergubernamentales, al que citábamos antes, con respecto al periodo referido a 1980-1999. Hay que destacar, que estas son previsiones medias, de una horquilla que oscila entre los 1,1 y los 6,4 grados. Semejantes aumentos de temperatura, podrían provocar el deshielo completo de la placa que cubre Groenlandia y de gran parte de los casquetes polares, lo que conllevaría un aumento del nivel del mar de hasta siete metros, más que suficiente para sumergir ciudades como Vigo, Los Ángeles, Boston, Marsella o Shangai[18].

---

18   En 2015 se celebró la Cumbre del Clima en París. Los dirigentes políticos de los principales países no dudaron en vender el acuerdo como un hito histórico, ya que por primera vez, 195 países se habían puesto de acuerdo en el hecho de que el cambio climático era una realidad, que se debía a la actividad

No en vano, en los últimos años, se han producido las mayores inundaciones del siglo, en varios condados de Gran Bretaña; los veranos mediterráneos han pasado a ser saharianos; Nuevo México (EEUU) ha tenido nevadas como no se recordaba; y en Finlandia llegaron a utilizar cañones de nieve artificial, para que las pistas de esquí fuesen operativas.

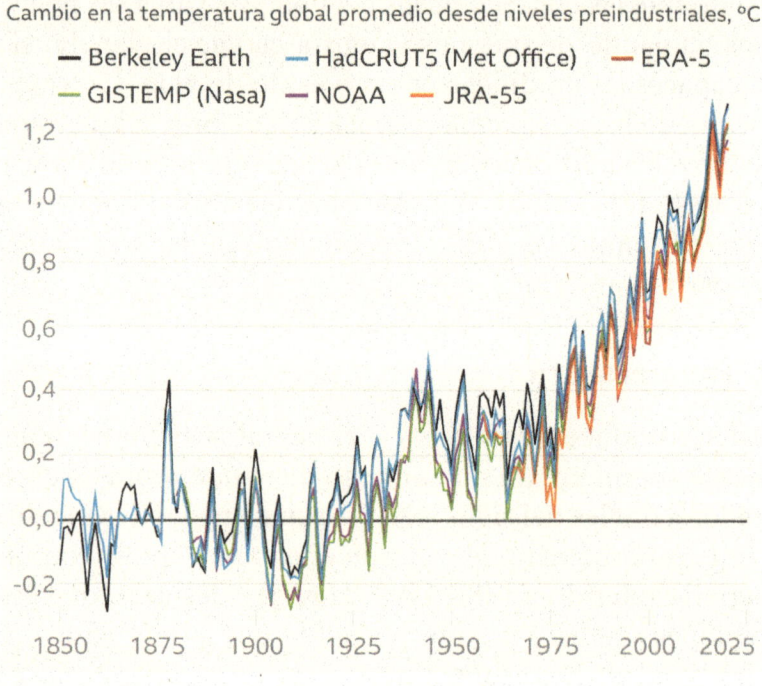

Evolución del Aumento de temperatura (1850-2025)

Cambio en la temperatura global promedio desde niveles preindustriales, °C

Fuente: BBC.

humana y a la que más pronto que tarde habría que ponerle remedio. Fuese un hito histórico o no, la realidad fue que sus objetivos eran imprecisos y lo que es peor, los acuerdos no eran vinculantes. En definitiva, París quedó en una mera declaración de intenciones. París no fue más que una mera declaración de intenciones a la que han seguido Marrakech (2016), Chile-Madrid (2019), Glasgow (2021), Sharm- el-Sheikh (2022) y Bonn (2024). El problema es que todo sigue igual. Seguimos enfrentándonos a los problemas actuales, con declaraciones altisonantes y evidencias y teorías con base en hechos acontecidos 150 años atrás. Necesitamos hechos, no palabras.

1.4.Biodiversidad

Las estimaciones dicen que la biodiversidad terrestre se reducirá en un 10%, en el año 2050, a mayores de lo que ya se ha reducido; con notables pérdidas en Asia, Europa y el sur de África. El informe del IPCC de la ONU, al que aludíamos en el punto anterior, estima que si seguimos con el actual incremento de temperaturas, se producirá una pérdida de biodiversidad de entre el 20 y el 30% de aquí a finales de siglo. Pero aún hay más. La evaluación de los ecosistemas del milenio ha concluido que 2/3 de los ecosistemas naturales ya están deteriorándose en el mundo y quiero reparar en el detalle, de que no es que se puedan deteriorar, sino que ya lo están haciendo en este mismo momento. El mayor problema de estos daños ambientales es que desconocemos muchos de sus efectos y consecuencias, y, por lo tanto, de los costes totales que pueden llegar a ocasionar. Es lo que se conoce como 'efecto mariposa' —la desaparición de una especie de mariposa en Estados Unidos puede afectar a la estabilidad de China—, y tiene una especial incidencia en variables ecológicas y ambientales.

Índice Planeta vivo global (1970-2016)

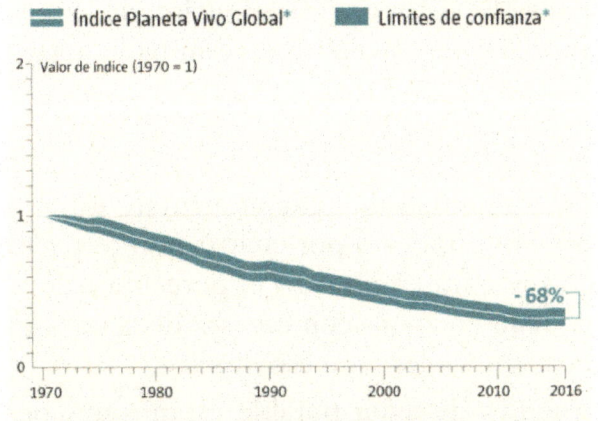

La abundancia media de 20.811 poblaciones que representan 4.392 especies en todo el planeta se han reducido un 68%.

* La línea blanca muestra los valores del índice, mientras que las áreas sombreadas representan la certidumbre estadística de la tendencia (entre el -73% y el -62%).

Fuente *La Vanguardia.*

1.5. Bosques

La Organización de las Naciones Unidas para la Alimentación y la Agricultura (FAO) estima que la superficie deforestada en la década de 2010 a 2020 fue de unos 10.000.000 de hectáreas anuales. Si bien eso supone una disminución del 20% con respecto a los 12.000.000 Ha. anuales que se estimaban en la primera década del siglo XXI, es una reducción del todo insuficiente. Desde 1990 se han destruido 420.000.000 hectáreas, esto es, 4,2 millones de km², unas ocho veces y media el tamaño de España. Las consecuencias de este hecho sobre la salud del planeta son gravísimas.

Los bosques no solo son el entorno vital de numerosas especies animales y vegetales, sino que también permiten fijar la cantidad de dióxido de carbono, por lo que son una de las armas más eficaces contra el calentamiento global. Además constituyen las únicas fábricas de oxígeno de las que disponemos en la actualidad.

Por otra parte, investigaciones recientes han demostrado que la deforestación afecta, y mucho, a la cantidad de lluvia caída en un lugar. Los estudios parecen indicar que existe una relación directa entre ambas. Una ampliación de la cubierta vegetal tiene capacidad para aumentar la lluvia, y una disminución de la misma puede reducir la cantidad que cae en un determinado lugar.

1.6. Agua

Se estima que la demanda mundial de agua aumentará un 55% y su consumo industrial se multiplicará por cuatro, con respecto al actual. El mismo informe cifra en un 40% el porcentaje de la población mundial que vivirá en zonas con escasez de agua, con las consecuencias políticas y sociales, que eso implica.

Por otra parte, las fuentes de agua potable están muy concentradas, encontrándose el 60% de las reservas de agua potable repartidas entre nueve Estados y son compartidas por dos o más países. Eso abre la posibilidad de un gran negocio, pero también de muchos conflictos.

Desde un punto de vista estrictamente económico, el agua es un bien con unas características muy peculiares. Tradicionalmente ha sido lo que se conoce como un bien público: su acceso era libre y sin precio. Pero eso es algo que puede cambiar en breve. El agua es el único bien que es indispensable para todos los seres vivos y para todos los procesos productivos. Sencillamente, no tiene sustituto posible. Nada de esto parece ser obstáculo para que continuemos desperdiciándola y despreciándola, como si nunca se fuese a acabar, algo que, dicho sea de paso, está muy lejos de ser cierto. Los modos que tenemos de hacerlo son numerosos y muy variados: la contaminación en sus formas diversas; los vertidos al mar; la construcción de piscinas, campos de golf e incluso islas artificiales, en lugares donde nunca crecería la hierba, con el único fin de potenciar el turismo, o dar un pelotazo urbanístico; el mantenimiento de cultivos agrícolas insostenibles, o como mínimo no apropiados para ciertas zonas, pero que tienen una mayor rentabilidad a corto plazo; o incluso de manera más directa y brutal, desecándola, tal y como hizo la antigua URSS con el mar de Aral, al desviar los ríos que lo abastecían, para potenciar el cultivo de algodón y frutales, convirtiendo el lugar en un gigantesco salero de más de 300.000 km².

1.7. Contaminación del aire

La OCDE advierte que la contaminación del aire se convertirá en la primera causa de mortalidad prematura en el año 2050, siendo responsable de alrededor de 3,6 millones de muertes anuales, con especial incidencia en ciudades de China e India. No obstante, estas muertes tendrán un componente muy aleatorio, ya que no debemos olvidar que las corrientes de aire y los vientos, desplazarán la contaminación de unos lugares a otros. Por otra parte, estos datos no hacen más que confirmar el informe de la OMS de 2002, en el que ya se atribuía a la contaminación atmosférica como la causa del 1,4% de las muertes del mundo.

El comportamiento de la comunidad internacional, en lo que respecta a esta faceta del problema, ha sido exactamente igual que en el de otros casos de los que ya hemos hablado. Hay preciosas declaraciones, pero nadie está dispuesto a ser el primero en tomar medidas, porque eso supondrá darle ventaja a la competencia. Los jugadores permanecen quietos como en un juego de estatuas. Pero las consecuencias de la inacción son graves. No hacer nada, es lo mismo que permitir que el estado del planeta empeore.

1.8. Residuos

La gestión actual de los residuos, tanto industriales como de los consumidores privados, sigue dejando bastante que desear. En el año 2020, la UE generó 530 kg. de residuos por habitante y año. Esa es la media para los 27, a los que hay que añadirles los residuos industriales, que entran en otra categoría. Las consecuencias que se derivan de ese consumo excesivo de materiales y de energía, que con demasiada frecuencia provienen de recursos no renovables como el petróleo y los minerales, son tremendamente perjudiciales. Cuando tiramos la basura no solemos ser conscientes de que, en muchos casos, lo que estamos tirando son recursos económicos, esto es, dinero contante y sonante.

También hay que tener en cuenta la contaminación del agua y del aire que respiramos. Los residuos que generamos, acaban contaminando los ríos y acuíferos de los que nos aprovisionamos, con las consiguientes consecuencias ecológicas, económicas y ambientales, ya que no solo incrementa el coste de su depuración, sino que también genera importantes daños sobre la salud humana y el equilibrio medioambiental.

Además, la basura que producimos altera la composición química del suelo. Cierto que hay residuos como los orgánicos, que más temprano que tarde son asimilados por la naturaleza y se acaban convirtiendo en abono. Pero existen otros muchos como los plásticos, que son difícilmente asimilables por el entorno natural y que lo único que hacen es obstruir la germinación de la vida en todas sus formas.

La contaminación del aire debido a la descomposición de la materia orgánica, que quizás parezca menos importante, también genera efectos nocivos. No solo por los malos olores, sino porque también sirve para propagar enfermedades y epidemias.

Otra cuestión a tener en cuenta es la contaminación paisajística, derivada de la aparición de construcciones, vertederos incontrolados y demás adefesios y feísmos, a un lado u otro de las carreteras. Cierto que no deja de ser una variable muy subjetiva, pero no menos cierto es que la inmensa mayoría de la población prefiere vivir en un entorno agradable, bonito, limpio y natural. No debería ser visto como aceptable el salvaje desarrollo urbanístico que han vivido las grandes ciudades; no debería ser normal tener las ventanas cerradas, para no ver las montañas de basura que rodean tu casa y evitar que entren los bichos y el mal olor.

Generación total de residuos municipales en la UE (2000-2001)

(millones de toneladas)

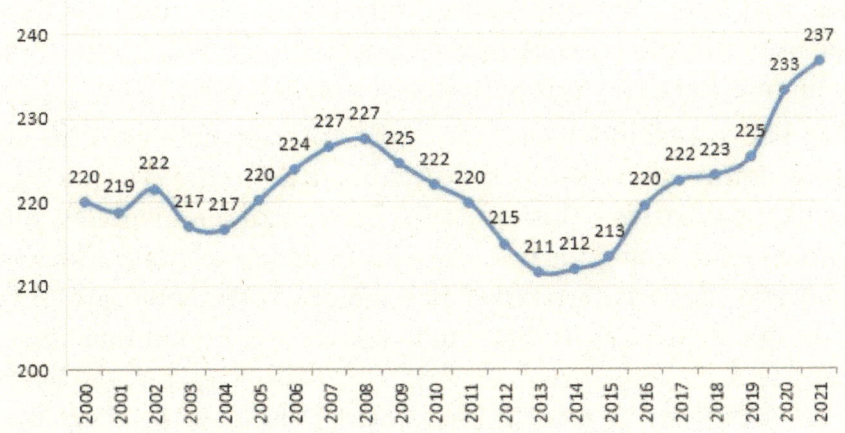

Fuente: Eurostat (elaboración ecopalabras.com).

1.9. Salud

En los países que no forman parte de la OCDE, esto es, lo que se conoce como Tercer Mundo, o países en vías de desarrollo, el riesgo de la población a la exposición de productos químicos tóxicos aumentará considerablemente en las próximas décadas, con el consiguiente incremento de enfermedades respiratorias, alergias, cánceres y un largo etcétera. La razón fundamental radica, en que las medidas de seguridad y prevención que se toman en esos países en sectores tan peligrosos como el farmacéutico, el siderúrgico, el químico o el biotecnológico, están muy por debajo de los estándares internacionales. ¿Qué hacen las grandes compañías? Subcontratan allí la parte más peligrosa de su proceso productivo, con la certeza de que un producto que ha sido fabricado en condiciones de semiesclavitud en un país del Tercer Mundo, se venderá a un precio 10 o 100 veces mayor, en cuanto cruce la frontera del Primer Mundo. Ahorrar costes, aunque sea a costa de la salud y de la vida de las personas y el entorno natural. La realidad es que salud y el entorno natural no son variables a tener en cuenta, ya que ninguna de ellas figura en las cuentas del grupo 6 del PGC[19].

¿Qué hacemos desde los países ricos? Nos limitamos a mirar hacia otro lado, dar una limosna que tranquilice nuestras conciencias y continuamos comprando esos productos, porque son mucho más baratos y nos permiten ser más competitivos.

De nuevo tenemos el problema de las externalidades en las que las empresas no asumen la totalidad del coste, ya que muchos de estos costes —los sanitarios o los medioambientales, por ejemplo— son asumidos por el conjunto de la sociedad. El agente causante de la externalidad percibe ese coste como gratuito, por lo que tiende a producir más bienes y a contaminar más.

---

19   El PGC son las siglas del Plan General Contable español. El grupo 6 del cuadro de cuentas del PGC es el correspondiente a las partidas de compras y gastos, que se restan del grupo 7 —ingresos— para obtener el resultado económico de la empresa.

Existen pocas certezas en economía, pero una de las pocas que hay es que si un producto es gratuito, o se tiene la sensación de que su valor es mayor que su precio, lo que tradicionalmente se ha denominado como bienes públicos, la demanda que de este bien realizarán los distintos agentes económicos será mucho mayor que la que realizarían en circunstancias normales en las que tuvieran que abonar un precio de mercado por su uso.

1. 10. Coste

En numerosas ocasiones se alude al coste prohibitivo que supone tomar medidas, que frenen el desarrollo industrial y económico de los dos últimos siglos. La propia OCDE estima que los costes para reducir sólo las emisiones a la atmósfera en un 70%, de aquí al año 2050 supondrían un 5,5% del PIB mundial. Es bastante menos de lo que se dedicó a rescatar al sistema financiero en la Gran Recesión, que a fecha tan lejana como 2009 ya alcanzaba la cifra de 13 billones de dólares, entre dinero directo y avales, una cifra equivalente al 21,12% del PIB mundial, que por aquel entonces, se situaba en unos 61,5 billones de dólares. Pero en el caso de la Banca no había problema, los que estaban a uno y otro lado de la mesa de negociación eran amigos de toda la vida. Pero el caso de los *working rich* lo veremos con más en detalle, en el apartado de los cambios económicos.

Por el contrario, el coste de no hacer nada supondría un encarecimiento de hasta el 50%. Eso por no hablar de otros aspectos que desbordan el ámbito puramente económico, el más obvio de los cuales es que a fecha de hoy solo disponemos de un planeta y no nos podemos permitir el lujo de prescindir de él, por lo menos si es que queremos sobrevivir como especie.

Lo peor y más triste del informe de la OCDE es que se limita a enumerar los problemas ecológicos más graves, que había hace diez años, pero no ofrece ninguna solución, y lo que resulta todavía peor, desde entonces no hemos hecho nada para revertir la situación.

Como se puede ver, la tarea a la que nos enfrentamos es sencillamente titánica, quizá la más grande de todos los tiempos. Hasta la fecha el ser humano ha sido capaz de afrontar retos inmensos: desde la mera supervivencia en parajes inhóspitos —como pueden ser las regiones árticas o desérticas— al desafío de las leyes de la naturaleza —como es el caso de la aviación, la llegada a la Luna, o la realización de ingentes obras de ingeniería civil, como las pirámides, o las catedrales—. Pero hoy en día, nos enfrentamos a algo muchísimo más difícil, como pueden ser nuestros propios miedos y egoísmos. ¿Seremos los seres humanos —especialmente aquellos más acomodados— capaces de renunciar a parte de nuestros privilegios, para salvar el planeta y nuestra propia existencia? ¿O decidiremos optar por el suicidio colectivo y forzoso? Esa es una pregunta que el futuro se encargará de resolver.

2. Cambios económicos

El auge del consumo que hemos vivido en los últimos 60 años, ha sido de tal magnitud, que ha generado cambios no solo cuantitativos, sino también cualitativos. Esos cambios han terminado por afectar a la manera en que los distintos agentes económicos intercambian bienes y servicios y se relacionan entre sí. Por primera vez en la Historia, el consumo privado supone uno de los tres pilares de la economía[20]. Los otros dos son el gasto público y el comercio exterior. Estos cambios en los hábitos de consumo han afectado tanto al lado de la oferta como al de la demanda.

---

20   En las sociedades precedentes el consumo también ha sido la actividad económica prioritaria, de hecho, la mayor parte de la actividad humana en los últimos 5.000 años ha ido encaminada a la satisfacción de las necesidades básicas. Lo que ha cambiado en los últimos 50 años han sido tanto las causas, como las consecuencias de ese consumo. Ya no consumimos para satisfacer necesidades básicas y el consumo no se encuentra limitado por la pertenencia a un grupo social y religioso. Son detalles de este tipo los que permiten afirmar que nuestro modelo de consumo no es comparable a ningún otro, que haya podido existir.

Del lado de la demanda, el consumidor, por lo menos el de los países más avanzados, ha dejado de ser ese rey al que todos querían servir —tal y como defendía la teoría económica clásica— para convertirse en un ser maleable y sin voluntad, que consume más de manera compulsiva, que buscando maximizar su utilidad. Alguien que compra porque se lo puede permitir; porque no tiene nada mejor que hacer; o porque quiere estar a la última. *Eso es lo que hace todo el mundo; eso es lo que hay que hacer*. En definitiva, un modelo de consumidor puro e ideal, totalmente acrítico con los estándares de producción y calidad de los bienes que consume e ignorante de las consecuencias que ocasiona su actividad. Un consumidor que tiene en la compra en sí, su ideal de ocio; que apenas ha satisfecho una necesidad, ya está pensando en la siguiente y del que lógicamente todos los demás agentes económicos, esperan sacar su parte de tajada. Un consumidor que a ratos se queja, pero que al mismo tiempo es incapaz de plantearse que su capacidad de compra; es su mejor arma. De hecho, es de la única de que dispone.

«La paradoja de la elección», formulada por Barry Schwartz[21], adquiere en este contexto todo su significado. Lo que nos viene a decir esta teoría, es que en principio, un mayor número de posibilidades de elección, aumenta el bienestar de los ciudadanos. Sin embargo, cuando el número de alternativas sobrepasa un determinado umbral, los inconvenientes de tener muchas opciones sobre las que decidir, superan a las supuestas ventajas y acaban generando en el consumidor un sentimiento de insatisfacción.

Este hecho resulta obvio hoy, en nuestras sociedades hiperdesarrolladas, en las que el consumidor puede elegir entre decenas de variedades del mismo producto, lo que le acaba generando un cierto nivel de stress y frustración.

Como dice el profesor Mishan[22]:

---

21   Schwartz, Barry, *Por qué más es menos: La tiranía de la abundancia*, Ed. Taurus, 2005.

22   E.J. Mishan, *Los costes del desarrollo económico*, Ed. Orbis, 1983.

«Puesto que como ya se ha observado, el éxito obtenido en la consecución de elevados niveles de gasto en la sociedad opulenta exige la continua creación de insatisfacciones, las cuales, cual aves fénix, surgen de las cenizas de antiguas satisfacciones; un proceso que se ve facilitado por el público consumidor descrito, cuyos gustos se hallan libres de nociones tradicionales de excelencia y cuyos impulsos adquisitivos no se ven frenados por ningún standard de propiedad.

Así, los gustos se convierten en esclavos de la moda y la moda en una creación de los beneficios. El público consumidor ideal para la sociedad competitiva próspera es uno que fluctúe libremente en el tiempo, que pueda ser moldeado, segmentado y llevado de aquí para allá gracias a una brillante publicidad».

Del lado de la oferta, los cambios han sido si cabe, bastante más sustanciales y han modificado la correlación de fuerzas, en perjuicio del trabajador-consumidor.

En primer lugar, porque la globalización y la creación de una nueva cultura, en torno a los medios de comunicación de masas, han servido para uniformizar la demanda, para crear un ciudadano-consumidor que se comporta básicamente igual, haya nacido en Alemania, en América o en la India.

En segundo lugar, porque el auge del consumo unido al desarrollo de la tecnología —sobre todo en el campo de las comunicaciones— han tenido como consecuencia un aumento en la velocidad de los cambios en los gustos sociales. Las modas se suceden a velocidad de vértigo, en muchos casos apoyadas por masivas campañas de publicidad. Campañas que no buscan informar al consumidor, sino más bien persuadirle y manipularle; convencerle de que su felicidad futura depende del consumo del bien en cuestión.

Para mantener un alto nivel de consumo, se hace necesario obligar al consumidor a mantener un amplio interés por el bien en cuestión. La gente se aburre de consumir más cantidad de los mismos bienes y para evitarlo, hay que innovar continuamente. En los últimos 50 años y, muy especialmente en los últimos 30, las empresas han ido acortando el tiempo, en el que presentan sus novedades. Este hecho, que antes solo afectaba al mundo de la moda femenina —los tradicionales cambios de temporada— se ha ido extendiendo paulatinamente y hoy en día se práctica en el campo del automóvil, de la informática, las telecomunicaciones y un largo etcétera. Vivimos en una sociedad que valora estar a la última, sin importarle las consecuencias que ese desarrollo compulsivo pueda tener sobre el medio ambiente, la conservación de los recursos naturales, o el futuro de sus hijos.

Cada pocos meses sale al mercado un nuevo modelo del bien, que permite al consumidor individual distinguirse del resto, si está dispuesto a pagar el precio adecuado. Y en el mundo actual, nuevo es sinónimo de mejor. En definitiva, vivimos en una sociedad de consumidores desinformados e ineficientes, que, en la mayor parte de los casos toman decisiones ignorando las consecuencias de sus propios actos.

El capitalismo, por su propia lógica, es un sistema en expansión continua. Si el producto triunfa, en unos pocos meses, el mercado estará abastecido de imitaciones más o menos buenas, a un precio considerablemente más bajo. Todo ello gracias a las economías derivadas de la globalización y la producción en cadena. Si el producto no triunfa, se deja de fabricar tras un determinado tiempo. En cualquier caso, la consecuencia es prácticamente la misma: una carrera por la innovación continua, cuyo efecto más destacable son las montañas de desechos, que rodean nuestras ciudades.

El caso de los productos tecnológicos es típico de este proceso de innovación continua. Las empresas cambian sus modelos, cada poco tiempo. En la inmensa mayoría de los casos, las aplicaciones y novedades, suelen ser escasas y aportan poca utilidad al consumidor. Cambios de color, diseño, alguna que otra aplicación, etc. Sin embargo, obligan a adquirirlos con un método tan simple como eficaz: sencillamente se deja de fabricar el producto antiguo y sus repuestos. Es lo que en economía se conoce como *obsolescencia programada*, en este caso llevada a su extremo.

La consecuencia de este proceso de innovación continua y en demasiados casos banal, es que tiramos a la basura millones de toneladas de bienes en perfecto estado; millones de dólares invertidos en fabricarlos. Bienes aún útiles, víctimas inocentes del crecimiento, el desarrollo y el progreso[23]. Sacrificios absurdos a un dios cruel y estúpido llamado Crecimiento, que acaban esparcidos en los gigantescos basureros que rodean a cualquier megaciudad que se precie de serlo.

Las consecuencias, como ya se ha dicho antes, son dos: un derroche de recursos económicos enorme y una carga medio ambiental insoportable, para el conjunto del planeta. Por desgracia, este fenómeno de la '*obsolescencia forzosa*' y la continua renovación de equipos, ha ido ganando peso en los últimos 40 años y, lo que es peor, se ha acabado extendiendo a amplios sectores de la economía, alguno de ellos, como el tecnológico, de alto valor añadido y un gran consumo de recursos no renovables, muchos de los cuales además, generan residuos muy contaminantes[24]. Por supuesto a la cabeza de esas empresas que contaminan y de esos

---

23   Si el producto se renueva en un periodo cada vez más corto, la necesidad de innovar también se acrecienta. La causa de esto obedece a que la mejor manera de fidelizar al cliente es atraerle con cambios continuos, que le creen la incómoda sensación de que aún no tiene suficiente, o que debe poseer más de ese bien, sea como sea. De ahí también, la importancia de las técnicas de marketing y publicidad. Las compañías de telefonía e informática son grandes abanderadas de esta práctica, como así lo atestigua la sucesión de aplicaciones, modificaciones y ofertas banales, que tanto les gusta ofrecer.

24   En 2015 la Asamblea Francesa aprobó, dentro la Ley de Transición Energética, multas de hasta 300.000 euros y 2 años de cárcel para los fabricantes que determinen de antemano la muerte de sus productos, bien sea de forma programada por falta de repuestos, bien sea por la imposibilidad de acceder a la avería. Pero su aplicación no resulta fácil. Hay que demostrar que la dificultad se ha introducido deliberadamente.

Un intento anterior se produjo en Bélgica, aunque nunca llegó a elaborarse una ley.

En 2013 el Comité Económico y Social Europeo aprobó un dictamen en el que pedía el fin de la obsolescencia programada, aduciendo que si hubiese que reparar productos, se crearían miles de puestos de trabajo. Desde entonces, aparte de la insistencia en crear un sistema de etiquetado, para que el consumidor pueda

organismos públicos que marean la perdiz o miran hacia otro lado están esos *working rich* a los que aludíamos antes y de los que continuaremos hablando.

Duración de las reservas de algunos recursos no renovables

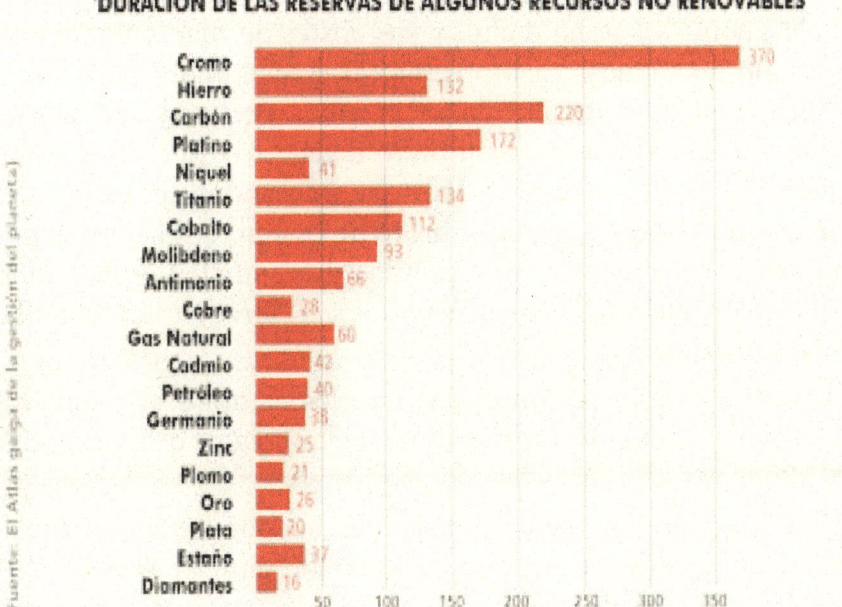

Fuente: laborener.blogspot.com.

Como se ve en la gráfica, los humanos estamos en condiciones de ver, cómo se agotan, en un plazo más o menos breve, las reservas de algunos minerales básicos tales como el petróleo, la plata, el oro o el plomo, entre otros. La pregunta del millón es: ¿Cuánto tiempo más podemos permitirnos seguir con un modelo económico que incentiva cambiar de móvil cada seis meses, de ordenador cada año y de coche cada cuatro?

---

decidir si prefiere, un producto más barato, u otro más caro y duradero, no se ha vuelto a saber nada del tema.

Además, la renovación tan frecuente de los productos que las
empresas lanzan al mercado ha ocasionado una pérdida de calidad y durabilidad de los mismos. El hecho de que sean sustitui-
dos cada poco tiempo, ha llevado a los fabricantes a desenten-
derse de la calidad. ¿Cuántas veces se dice: *«Para lo que cuesta,
no merece la pena arreglarlo»*? Los vehículos que se fabricaban
en la década de los 60 y 70 eran mucho más duraderos que los
actuales, como ya se ha dicho, y sus costes de mantenimiento y
reparación más bajos. El problema no es que ahora no se sepa
producir sino que hoy en día se produce pensando en que el
parque móvil se renueva en un plazo de cuatro o seis años como
máximo. El hecho de que se fabrique pensando que va a reno-
varse en un plazo más o menos breve de tiempo desincentiva por
completo la existencia de una política de calidad. La necesidad
de que el producto esté bien hecho y sea duradero es, sencillamente, inexistente.

Antes de continuar con el resto de los cambios económicos,
que se han producido en el último medio siglo, quisiera dejar
claras 2 ideas:

1. El capitalismo ha sido el sistema económico más avanza-
    do, eficiente y justo, que haya habido nunca jamás.

2. Hoy en día no vivimos en una economía capitalista, sino
    en lo que antes definí como una Economía Global de Pla-
    nificación Divergente con Posiciones de Poder, que por
    suerte o por desgracia, resulta un modelo económico muy
    diferente al capitalista.

Evolución en el aumento de uso de materiales

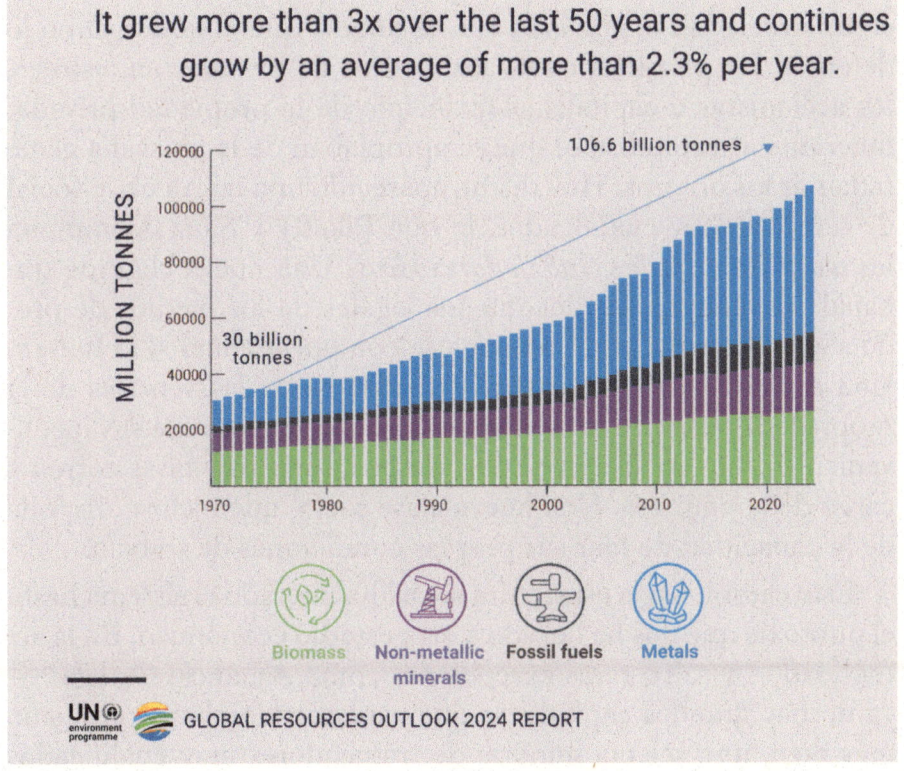

Fuente Naciones Unidas. International Resorce Panel.

El primero en darse cuenta de estos cambios fue el difunto John Kenneth Galbraith[25] cuando habló de la «tecnoestructura» como nueva clase dirigente. Pero la verdad sea dicha, Galbraith

_____

25   John Kenneth Galbraith (1908-2006) economista canadiense-norteamericano muy ligado al keynisianismo, fue consejero de J.F. Kennedy. Escribió numerosos libros entre los que destacan *La sociedad opulenta* y *El nuevo estado industrial*. Su filosofía la resumió él mismo cuando dijo:

«Yo reacciono de manera pragmática. Donde funciona el mercado, estoy a favor. Donde el Gobierno es necesario, yo estoy a favor. Me es profundamente sospechoso alguien que dice 'Estoy a favor de la privatización', o 'Estoy profundamente a favor de la propiedad pública'. Estoy a favor de lo que funcione en cada caso particular».

nunca llegó a imaginar el poder que iba a adquirir esa nueva clase social. Si en la actualidad podemos afirmar que no vivimos en una sociedad capitalista, ello se debe a que el poder ya no lo detentan los propietarios de los medios de producción, esto es, los accionistas o capitalistas (principio de la propiedad privada, inherente al capitalismo) que se apropiaban de la plusvalía generada por los obreros. Hoy día ha aparecido una nueva clase social de técnicos muy cualificados, lo que Piketty y Sanz denominan los *working rich*, los *trabajadores ricos*. Una nueva clase de trabajadores, que no son los dueños legales de los medios de producción, pero que en la práctica se comporta como si lo fuesen. Una nueva clase social que disfruta de todas las ventajas de la propiedad, pero que sin embargo no tiene ninguno de sus inconvenientes, ya que los impuestos, riesgos, seguros y tasas corren a cargo de la empresa. Una nueva clase social que incluso dispone de la capacidad de fijar sus propias condiciones de trabajo.

Este cambio en la estructura social ha alterado el sistema hasta el punto de que nos ha llevado a otro estadio económico. En la actualidad —y salvo raras excepciones como Amancio Ortega[26]— ya no hay grandes capitalistas que explotan a trabajadores, sino más bien, una selecta minoría de trabajadores muy cualificados y muy bien relacionados, que explota a una inmensa mayoría de trabajadores menos cualificados y con relaciones sociales menos importantes. El poder económico, político y social ha cambiado de manos y en la actualidad, ya no lo tienen los dueños legales de las empresas- Por lo menos las grandes.- sino esa nueva clase

---

[26] Soy consciente de que habrá quien diga que ahí está gente como Bill Gates, Bezos o Zuckerberg y en general todos esos nuevos millonarios creados al calor del desarrollo informático. El caso de las tecnológicas es muy sintomático de ese mundo rapidísimo en el que vivimos hoy en día. Alguien tiene una idea, la desarrolla y alcanza el éxito en un breve periodo. Entonces su empresa sale a Bolsa, o es comprada por otra más grande, y esa persona deja de ser del dueño de la empresa, para convertirse en algo a medio camino, entre un embajador y una *rock 'n' roll star*, que en cualquiera de los casos, no dispone del menor control sobre su criatura. Por suerte o por desgracia, ese es el caso, de los tres personajes citados y de otros muchos.

social, de los *working rich*. Los casos más notorios y populares son los de las grandes estrellas del mundo del deporte y el espectáculo: Messi, Lebron, Beyoncé, Di Caprio, que sorprenden una y otra vez con sus salarios millonarios, sus lujos y excentricidades. Pero pese a ser los más populares son, sin lugar a dudas, los menos importantes. Ell@s solo son —por así decirlo— los bufones de la nueva clase ascendente. Los realmente relevantes son aquellos que pasan de la FED, del BCE, o del Ministerio o la Comisaría de turno, al consejo de administración de Goldman, de Apple, del FMI, de Tesla o del Banco Mundial y viceversa. Gente que, al igual que las grandes estrellas deportivas, cambia de cargo, de equipo y de sector, como de camiseta, y tan pronto están del lado público, como del privado. Gente que lo mismo hace las normas que debemos cumplir, que aconseja cómo hay que hacer para eludirlas. En definitiva, todo eso que se ha venido a llamar '*la puerta giratoria*'.

No hace falta ser muy listo para darse cuenta de las implicaciones que tiene el hecho de que las mismas personas que hacen las reglas, asesoren a aquellos que buscan saltárselas; no solo desde un punto de vista ético y estético, sino sobre todo, por sus efectos sobre la eficiencia de la economía y el bienestar social. El penúltimo caso —y quizás el más claro— lo vivimos con la crisis financiera del 2008, cuando los Estados tuvieron que asumir las pérdidas de los bancos, salarios y bonus de sus ejecutivos incluidos, para evitar su quiebra. Desde un punto de vista meramente técnico y económico la única solución posible pasaba por rescatar a la Banca. Dejarla caer solo hubiera servido para agravar la crisis y el sufrimiento social. Pero que hubiera que rescatar a la Banca, no quiere decir que hubiera que hacerlo de cualquier forma y mucho menos a cualquier precio.

El problema fundamental con el que nadie contó, fue de orden ético y estético. Los que estaban a un lado y al otro de la mesa eran colegas y amigos de toda la vida. Gente que había estudiado en las mismas universidades, trabajado en las mismas organizaciones —públicas o privadas— y por supuesto vivían en los mismos barrios, se relacionaban con las mismas personas y eran socios, de los mismos clubs privados.

Como no podía ser de otra manera, los colegas que en aquel momento estaban del lado público, decidieron que había que ayudar a los que estaban del lado privado, fuese como fuese y que esa ayuda era una obligación del conjunto de la ciudadanía; que debía efectuarse de inmediato y sin ningún tipo de contra-prestación o exigencia, por parte de aquellos que la recibían. El problema que no tuvieron en cuenta es que se pasaron de frenada y en esta ocasión su ayuda resultó tan descarada, que afectó a la credibilidad del sistema y especialmente al contrato social en el que se basa toda democracia. Gran parte de la gente empezó a creer, no solo que los mercados financieros no eran tan eficientes como se aseguraba que eran, sino que además existía una cláu-sula no escrita que decía que los beneficios de algunos son pri-vados, pero las pérdidas que ocasionaban esas mismas personas eran públicas y, por regla general, las debían pagar los sectores más pobres de la sociedad. Por decirlo claramente, una gran par-te de la sociedad asumió que el juego estaba trucado y siempre ganaban los mismos, sin importar qué cartas saliesen.

El cuestionamiento del sistema, supuso el ascenso de una nue-va generación de políticos. Por lo general empresarios de éxito, triunfadores, iluminados diversos y gente que había vivido siem-pre a la sombra de la política. Todos con el denominador común de proponer soluciones simples, para problemas complejos. So-luciones que no resistirían el análisis de un niño pequeño, pero que la sociedad estaba dispuesta a aceptar, porque suponían una ruptura, al menos formal, con la situación actual de podredum-bre y corrupción actual.

El resultado, como no podía ser de otra forma, fue un mero cambio de collares, un montón de promesas incumplidas y nue-vos desastres. Pero en esta ocasión hubo algunas diferencias, con respecto a las crisis anteriores.

La crisis del 2008 supuso la entronización pública de esa nueva clase social de *trabajadores ricos*, que disponen de la capacidad de movilizar grandes sumas de dinero, para cualquier negocio que consideren oportuno, sin asumir ninguno de los riesgos que conlleva la operación y mucho menos, las consecuencias que puedan afectar a la vida de tercer@s; gente que dispone de todos los beneficios de la propiedad, pero que no asume ninguno de sus costes, por la sencilla razón de que son capaces de imponer sus propias condiciones de trabajo.

Dado que no asumen riesgos, ni consecuencias, esta nueva clase social ha mostrado una mayor tendencia al riesgo. El juego está trucado de tal manera, que, cualquiera que sea el resultado, ell@s siempre ganan. Las consecuencias negativas que se deriven de sus actos, siempre las asumen otros. Este hecho unido a la revolución informática y de comunicaciones, que hemos vivido en las últimas cuatro décadas, ha dotado al sistema financiero, de un poder enorme. Si ha habido un sector que se ha visto beneficiado por la irrupción de las nuevas tecnologías ha sido, sin lugar a dudas, el financiero. Y eso ha sido por dos motivos:

El primero porque les ha permitido cuadrar todas las entradas y salidas de fondos de manera prácticamente instantánea: yo podría estar en Moscú y mi esposa en Sidney y los dos podríamos estar operando de forma simultánea con la misma cuenta bancaria, sin el menor problema.

En segundo lugar, pero mucho más importante, porque ha permitido que el dinero se pueda mover, literalmente hablando, a la velocidad de la luz. Esto lo ha convertido en una especie de fantasma intangible que elude los inconvenientes de la realidad física y, por supuesto, cualquier tipo de control estatal que se quiera establecer. Un doble clic en el ratón del ordenador y el dinero que estaba en Ginebra pasa a Hong Kong, a las Islas Vírgenes, a Panamá o a New York, según convenga. Esta movilidad instantánea de los flujos monetarios, unida al establecimiento de una red de paraísos fiscales, que permiten ocultar fortunas por una cómoda cuota anual, ha otorgado a los mercados financieros un poder enorme frente a las Haciendas estatales y no cabe la menor duda, de que al contrario que los poderes públicos, los banqueros y demás agentes financieros, sí que han sabido explotarlo.

Cierto es que ese desarrollo informático también ha beneficiado a la ciudadanía y le ha permitido organizarse y movilizarse en tiempo real, como pudimos ver con movilizaciones de tan distinto signo, como el 15-M o el asalto al Capitolio. Pero hasta ahora, la ciudadanía se ha mostrado menos eficiente y sobre todo, menos persistente en el uso de estas herramientas, que los agentes financieros. Tarde o temprano los movimientos populares tienden a agotarse, algo que por desgracia, no le ocurre al sistema financiero.

La conjunción de fenómenos como la globalización, el desarrollo de las telecomunicaciones y la aparición de una red de paraísos fiscales que permite desplazar o esconder el dinero, según convenga, ha llevado a una pérdida de poder por parte de los Estados y las haciendas públicas. Incluso los Estados más poderosos se ven incapaces de someter a los mercados y en vez de aliarse entre ellos, han preferido competir, por ver quien oferta más ventajas fiscales, a los sectores más ricos.

Ahí vuelven a entrar en escena, esos *trabajadores ricos* de los que hablábamos antes. Uno de los mayores problemas que tenemos ahora mismo como sociedad, son precisamente ell@s, esos *working rich* que, según convenga, están a uno u otro lado de la mesa. Da igual que la negociación sea medioambiental, económica o sanitaria. Ell@s siempre están ahí, defendiendo las mismas ideas, ninguna de las cuales pasa por el bien común.

El resultado de esa tendencia al riesgo y lta negociación a la baja, se ha traducido en una pérdida de poder público, pero también, en una mayor frecuencia de las crisis cambiarias, comerciales, económicas y financieras y, por lo tanto, una mayor inestabilidad económica y social. En los años que llevamos de siglo XXI hemos tenido la crisis de las puntocom, la Gran Recesión, que comenzó con la caída de Lehman Brothers y se prolongó hasta el 2015, la del COVID-19 y la guerra de Ucrania, que está por ver cuándo y cómo acabará, más que nada, porque nunca nos hemos enfrentado a nada igual y resulta difícil prever cuáles puedan ser sus consecuencias. No hay ninguna certeza de que incluso si se consigue una victoria contra Rusia, esta se resigne y no decida pulsar el botón nuclear.

En cualquier caso, estamos hablando de una crisis cada 6 o 7 años, dos de las cuales —la financiera de 2008 y la pandemia iniciada en 2020— han sido estructurales y por lo tanto, capaces de poner al sistema contra las cuerdas. Está claro, que la cosa no pinta nada bien.

Personalmente creo que estamos en una fase de transición hacia una economía más autoritaria y desigual. Una sociedad basada en un sistema de castas o de estamentos, como en la antigua India o en la Edad Media. Un nuevo mundo con una cantidad relativamente pequeña de agentes económicos muy poderosos, todos ellos unidos por la pertenencia a una determinada élite. Es lo que ha ocurrido casi siempre, con la diferencia de que ahora los lazos que unen a los que están en la cima de la pirámide, no son de sangre, sino que se basan en la pertenencia a una cierta organización y dentro de ella, a un determinado círculo o casta. El camino lo abrió la Iglesia católica, hace más de 2.000 años, con sus papas, cardenales, arzobispos y obispos, todos ellos educados en determinados centros; todos ellos unidos por las mismas normas y la misma forma de ver la vida. El Partido Comunista Ruso, Chino o Norcoreano, las grandes corporaciones —públicas y privadas—, no han hecho más que seguir el camino que trazó la Iglesia católica. En definitiva, vamos hacia una sociedad más débil, desarticulada e individual, en la que los Estados tendrán cada vez menos poder, en beneficio de una determinada clase social, que por educación y contactos, se reserva para sí misma, los mejores puestos y los mayores privilegios.

Es precisamente el ascenso de esa nueva clase social dominante, que dirían Marx y Engels, lo que permite afirmar que hoy en día no estamos en un sistema capitalista; sino en lo que definí en páginas anteriores como una *Economía Global de Planificación Divergente con Posiciones de Poder*.

3. Cambios Sociales

En los dos últimos siglos hemos modelado un concepto de ciudad, que ha ido parejo al de la revolución industrial y tecnológica, que hemos vivido. Las ciudades se han hecho más feas, más grandes, más grises e iguales. Si obviamos las construcciones más antiguas y características, el parecido que hay hoy en día entre dos grandes urbes situadas cada una en un rincón del planeta —como puedan ser Madrid y New York— es mucho mayor que el que pueda haber con respecto a una zona rural situada a unas pocas decenas de kilómetros de cualquiera de las dos ciudades. Las mismas hileras de edificios, las mismas calles, los mismos centros comerciales, las mismas tiendas, los mismos aeropuertos. Si se coge una fotografía tomada al azar en cualquier barrio de nueva edificación de una gran ciudad resulta imposible asegurar, si se trata de Boston, de Río, de París o de Seúl.

Ese proceso de homogeneización urbanístico ha ido unido a una uniformización de los patrones culturales y de consumo, a lo largo y ancho de todo el planeta. En esta uniformidad han tenido mucho que ver los medios de comunicación de masas. Desde la época dorada de la radio y Hollywood, a la actualidad con Internet, Whatsapp y demás redes sociales, los habitantes urbanos del planeta Tierra hemos estado sometidos a los mismos patrones culturales: Los Hermanos Marx, Gary Cooper, Bogart, Marilyn, Kennedy, los Beatles, el Che, Sid Vicious, Travolta, Harry Potter, Star Wars, Amazon, Instagram. Un patrón, que pese a lo mucho que se habla de mestizaje, tiene una marcada tendencia occidental y muy especialmente anglosajona, que para eso es el imperio dominante. El triunfo de innumerables modas, tendencias musicales, artísticas es una buena prueba de ello y de que el sistema es inteligente y reacciona a los cambios. Una vez que una idea, en principio novedosa, se introduce en los engranajes del sistema —aunque en un principio fuera contra el mismo— es absorbida por este y pasa a ser tratada como un negocio más. Si el lector tiene dudas sobre lo que estoy diciendo, solo tiene que pensar en lo antagónico y contradictorio que resulta que camisetas con la efigie y frases de Bin Laden, Fidel Castro, el Che, John Lennon o Sid Vicious se vendan en los grandes centros comerciales.

Por otro lado, los medios de comunicación de masas han tendido a mitificar el estilo de vida urbana, atribuyéndole un mayor glamour. Algo que, si bien tenía una base objetiva, ya que las ciudades han sido el motor comercial, cultural e industrial en los últimos tres siglos y ha sido en ellas donde se ha concentrado el poder económico y político, también ha sido exagerado y promovido hasta el exceso. La consecuencia ha sido un incremento de la migración del campo a la ciudad, lo que ha tenido graves efectos en la calidad de vida de esas urbes, especialmente en algunas de ellas, que se han visto incapaces de acoger semejante flujo de personas y prestar servicios básicos tan elementales, como puedan ser la vivienda, el transporte, el alcantarillado, la luz e incluso el agua potable. La consecuencia son las bolsas de marginalidad, los barrios de chabolas y favelas, que existen en toda megaciudad que se precie de serlo, y en los que en ocasiones ni siquiera la propia policía se atreve a entrar. Dakar, Nairobi, Hong Kong o México D.F. son ejemplos típicos de este urbanismo caótico y desenfrenado.

Un tercer cambio que se ha estado gestando en los últimos decenios y ha crecido enormemente desde los 80 del siglo pasado, con la irrupción de las nuevas tecnologías, es lo que se ha llamado, *la sociedad de la información*. La sociedad actual, por lo menos en el Primer Mundo, es una sociedad informada en tiempo real. Sabemos al instante lo que ocurre en cualquier rincón del planeta. Pero precisamente por ser la sociedad más informada de la Historia, resultamos tan manipulables, como pudiera serlo cualquier comunidad de pastores y agricultores en tiempos de Jesucristo. La cantidad de información que recibimos es de tal magnitud, que resulta imposible procesarla. La sucesión de noticias hace imposible su tratamiento en profundidad. La información de ayer, e incluso la de hace una hora, ya ha dejado de ser importante, porque ha aparecido otra nueva que la ha eclipsado por completo. Nos hemos vuelto más superficiales y eso se nota en todo, pero especialmente en nuestra capacidad para analizar y priorizar las distintas alternativas y sobre todo, para separar lo que es relevante de lo que no lo es.

Esta sociedad de la información global se ha extendido por todo el planeta —por lo menos en los sectores más acomodados— y ha provocado una serie de efectos en cascada. Algunos de ellos ya los hemos visto, como los ecológicos y ambientales. También los económicos, que nos arrastran hacia una sociedad uniforme y homogénea a nivel mundial, bajo el dominio de una nueva clase social, que no es la propietaria legal de los medios de producción; que no asume ninguno de los riesgos y costes que implica la propiedad, pero que puede disponer de ellos libremente, incluso perjudicando a los legítimos propietarios, bien sean los accionistas, cuando se trata de una empresa privada; bien los ciudadanos, cuando anda de por medio una administración pública. Al igual que las estrellas del deporte y el espectáculo, esta nueva clase social, también puede cambiar de equipo y de compañía. Resumiendo, tan pronto están del lado de los que hacen las normas, como asesoran sobre la forma de eludirlas.

Otros efectos resultan más difíciles de medir, como la pérdida de calidad en las relaciones humanas. Las ciudades de los siglos XIX, y sobre todo XX, nos han convertido en seres fríos y carentes de afectos. Este hecho ya era obvio en la segunda mitad del siglo XX. Vecinos de un edificio que no se conocen, compañeros de trabajo de los que no sabríamos decir su nombre, ni a qué se dedican. Todo ello aderezado con largos desplazamientos, de nuestra casa al trabajo y viceversa, y que solemos efectuar aislados; bien en el interior de nuestros vehículos privados; bien bajo la protección de auriculares y demás tecnología cuando nos desplazamos en transporte público y que se ha agravado en los últimos años, con la aparición de las nuevas tecnologías y sobre todo, de las redes sociales: Facebook, YouTube, TikTok o WhatsApp han llevado a las relaciones humanas al nivel más bajo de la Historia y han terminado por transformarlas en algo frío y maquinal, completamente carente de afecto. He visto a personas, una al lado de la otra, comunicarse entre ellas por medio de sus dispositivos móviles. No creo que haya que haber estudiado medicina, psiquiatría o psicología, para darse cuenta de que eso no puede ser bueno.

Desde sus orígenes el ser humano ha sido un ser social y ha sido esa sociabilidad la que le ha permitido sobrevivir en innumerables ocasiones y habitar lugares inhóspitos. En la actualidad, la necesidad de contacto físico ha disminuido. Pese a que podemos comunicarnos de manera instantánea con cualquier rincón del mundo, también vivimos más aislados que nunca. Las consecuencias que este hecho aparentemente inocuo pueda deparar en el futuro nos son desconocidas por completo.

Resumiendo lo dicho hasta ahora, tenemos los siguientes puntos:

1. La carga ecológica que supone para el planeta el modelo de consumo actual, es sencillamente inasumible. Aun olvidándonos de que el planeta tiene el tamaño y los recursos que tiene; de la ecuación $I= CxTxP$; de que la población de la Tierra continúa creciendo a marchas forzadas, e incluso de que nuestro grado de desarrollo ético está bastante por debajo de nuestro desarrollo tecnológico; incluso olvidando eso, un modelo de consumo basado en la satisfacción de los deseos y no de las necesidades[27], resulta del todo insostenible a largo plazo.

---

27 La diferencia entre un deseo y una necesidad resulta obvia. Cuando algo es necesario, caso del aire, el agua o los alimentos, no podemos vivir sin ello. Pero

2. El ascenso de una nueva clase social, que no es la dueña de los medios de producción, pero que puede disponer de ellos libremente, sin asumir sus costes, ni penalidades. Una nueva clase social que se mueve libremente entre el sector público y privado y que es mucho más propensa al riesgo que otras, ya que ell@s nunca tienen nada que perder.

3. Un consumidor ineficaz, que se mueve más por modas y caprichos pasajeros que por la satisfacción eficiente de sus necesidades. Muchas de las innovaciones que se efectúan en eso que se llama I+D+i, —también conocido como progreso técnico— son banales y superficiales, cuando no abiertamente ridículas y suponen un coste y un uso de recursos, que no nos podemos permitir. Indudablemente Internet, el correo electrónico, la telefonía móvil o las compras virtuales han supuesto no solo un paso adelante, sino una auténtica revolución en la vida y en las costumbres de las personas. Pero dicho esto, también creo que es indudable que muchas de las aplicaciones y de los desarrollos de productos ya existentes, merecen como mínimo, el calificativo de chorradas y es más que dudoso que aporten algo al bienestar social, aparte de un gigantesco coste en forma de recursos consumidos y unos beneficios considerables para unos pocos.

    En otras ocasiones, las novedades constituyen un abuso contra el consumidor, cuando no algo peor. Así ocurre cuando los viejos productos de la empresa desaparecen sin previo aviso, o cuando los nuevos dejan de ser compatibles con los anteriores. Esto último suele obligar al usuario a

---

al mismo tiempo que nos resulta imprescindible, su consumo también resulta finito. La cantidad de carne, chocolate o vino que puede ingerir un ser humano es limitada. Por el contrario, los deseos son ilimitados e insaciables. Las nuevas tecnologías, al operar en un mundo virtual que no precisa de soporte físico, han expandido los deseos hasta el infinito. Esa es una de las razones que explica el éxito de las redes sociales. En ellas puedes ser, lo que sabes que nunca serás en el mundo real.

efectuar un nuevo desembolso económico si quiere seguir disfrutando del bien en cuestión. A veces, ni siquiera eso, y se tiene que conformar con una versión modificada del producto que quería consumir. Los cambios continuos en las consolas y demás soportes de videojuegos, son típicos de esta clase de comportamiento, y en muchos casos suponen un abuso y un fraude contra el consumidor.

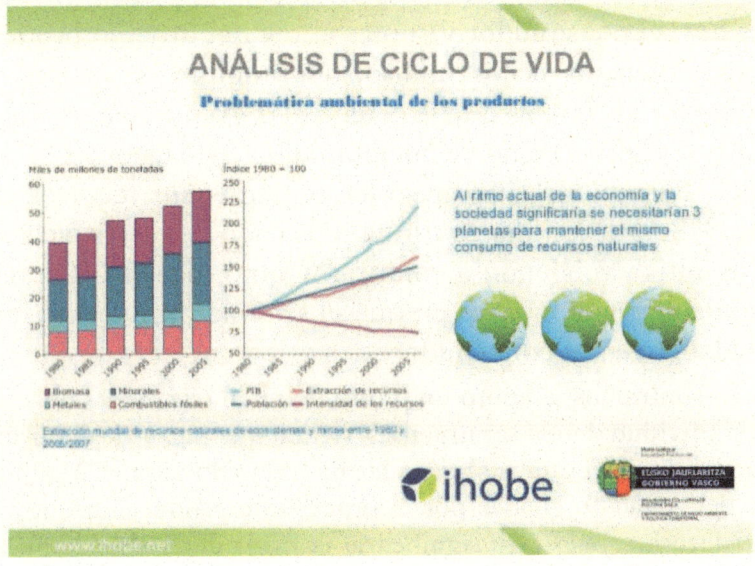

4. Por otra parte, cuanto más rápido varían los gustos de compra, más difícil resulta defender el criterio, de que un aumento de la producción, supone un aumento de la riqueza y del bienestar social. Las razones son obvias, de un lado a medida que crece la producción y el consumo, la utilidad marginal desciende, lo que quiere decir ni más ni menos que el consumidor se termina hastiando y cada vez le satisface menos el consumo del producto.

Además, tampoco podemos estar seguros de que el supuesto aumento del consumo obedezca a motivos estructurales, esto es, a la satisfacción de necesidades y no al simple derroche de recursos, en la producción de bienes superfluos, ocasionada de forma artificial; un consumo que no aporta nada a nuestro bienestar, salvo la satisfacción de un deseo fugaz, que se marcha tan rápido como llegó.

La consecuencia de todos estos factores son unos mercados manipulados e imperfectos, en los que determinadas empresas y personas disponen de todo el poder y deciden qué bienes salen al mercado, cuáles no, cuándo y en qué condiciones. En el mundo de hoy, el consumidor ya no es el rey del proceso productivo, sino más bien un siervo sumiso, que compra de manera fiel y compulsiva, los bienes que le ofrecen las grandes compañías. En definitiva, el proceso no va encaminado a satisfacer las necesidades del consumidor, sino más bien a extraer sus recursos económicos, generándole una continua sensación de insatisfacción que solo se mitiga volviendo a comprar. Como dice J.K. Galbraith[28] hablando sobre la manera en que el sistema productivo, crea las necesidades de los consumidores:

«Encontramos, empero un punto débil en ella. Si las necesidades del individuo deben ser urgentes, tienen que partir de él mismo. No pueden ser urgentes si alguien las ha fraguado para él. Y, ante todo, no deben ser fraguadas por el proceso de producción que viene a satisfacerlas, pues esto significaría la ruina de la obsesión de la urgencia de la producción, urgencia basada en la de las necesidades. No se puede abogar por la producción como instrumento para satisfacer las necesidades, si esa misma producción es quien crea las necesidades».

Por otra parte, un efecto añadido que ocasiona el consumo creciente de recursos es el alza persistente del precio de las materias primas básicas. Algo que es lógico y congruente con la teoría, que nos dice que, dada una oferta limitada y una demanda creciente, los precios únicamente pueden subir.

---

28   Galbraith, J.K, *La sociedad opulenta*, Ed. Ariel, 1960.

Evolución del precio de las materias primas desde 1950

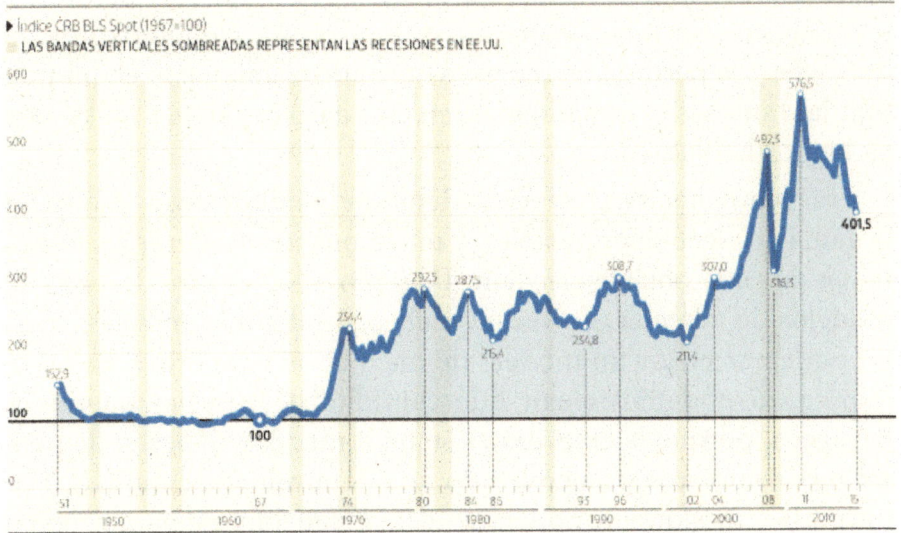

Fuente: Thomson Reuters.

Tal y como se observa en la gráfica, el precio de las materias primas no ha hecho más que crecer, desde la crisis del petróleo. Cierto que de vez en cuando hay caídas, algunas bruscas, pero estas suelen coincidir con los periodos de crisis y son meramente coyunturales. La tendencia al alza de precios es creciente, especialmente a partir del año 2000, tal y como se aprecia en la evolución de la gráfica. Próxima parada: El Infinito.

A su vez, el consumo creciente, con precios cada vez más altos y una dotación desigual de factores, incide en las relaciones internacionales. A medida que las materias primas vayan escaseando, los precios no solo serán más altos, sino que también se producirá un incremento de las tensiones, entre las distintas potencias económicas y militares. Cada país verá los recursos destinados a sus rivales, como una puñalada en su propio crecimiento y por lo tanto, como un acto de agresión. Los conflictos y tensiones que se están viviendo en Europa, el Mediterráneo, el Pacífico y otras muchas áreas en disputa, no son ajenos a este hecho.

Por si fuera poco, esta pugna por los mercados se produce en el marco de una economía globalizada y de alto desarrollo tecnológico. En una sociedad con semejantes características, el derroche y la pérdida de recursos, se multiplican hasta el infinito. Son las famosas externalidades, en este caso negativas, de las que ya hemos hablado antes.

Hasta hoy hemos concedido demasiada importancia a ampliar la gama de elecciones posibles, y muy poca a considerar los costes reales de cada posible elección. Podemos elegir entre decenas de modelos de cereales, cervezas, coches, o teléfonos móviles. Pero no podemos elegir un modelo de hace 20 años; porque ya no se fabrica, ni podemos elegir qué cantidad de cereales queremos llevarnos, porque la empresa ya se ha tomado la molestia de pensarlo por nosotros y ha envasado una determinada cantidad. Por no poder, ni siquiera podemos elegir algo tan elemental como cuántas horas queremos trabajar y cuántas queremos dedicar al ocio, porque la empresa que nos contrata, también ha decidido cuál es el horario que más le conviene. Es cierto que hemos mejorado con respecto a épocas pasadas y existen instituciones como las horas extras, el seguro de desempleo y la reducción de jornada por motivos diversos, que contribuyen a facilitar la elección. Pero los supuestos de uso, suelen estar establecidos de antemano y por norma general, la empresa es la parte fuerte de la negociación, con todo lo que eso implica. Y lo que suele implicar es que la empresa impone las condiciones y elige cuándo y de qué manera hay que hacerlo. También conviene destacar que esas horas a mayores se efectúan en sociedades, que suelen estar lejos del pleno empleo y en demasiadas ocasiones con unos salarios mínimos que no son capaces de garantizar unas condiciones de vida dignas. En una situación así, la única elección válida para los trabajadores es aceptar lo que le impone la empresa o el paro, con todo lo que eso implica.

Otro caso típico de los desajustes que provoca el sistema económico, es el de los residuos. Al producir más bienes, lógicamente se generan más residuos. Algunos de ellos son reciclables, o fácilmente asimilables, pero otros muchos no y sus efectos pueden durar cientos de años, como puede ser el caso de los productos químicos o radiactivos. Lógicamente, el mercado tiene una solución, que como no podía ser de otra manera, pasa por crear un nuevo mercado, donde se puedan negociar los derechos de contaminación. Un mercado en el que los ciudadanos más pobres asumen hechos tales, como que tendrán que vivir en pisos construidos al lado de un basurero o de la vía de un tren, para así poder acceder, a una vivienda a un precio asequible. Dado que, como ha ocurrido a lo largo de la Historia de la humanidad, hay muchísimos más ciudadanos pobres que ricos, la oferta de suelo y trabajo para las plantas industriales y las de tratamiento de residuos suele ser relativamente abundante. Los dos siguientes ejemplos creo que servirán para aclarar cuál es el coste total de algunos productos que consumimos y que no tienen que coincidir, y de hecho no lo suelen hacer, con el del precio que pagamos por ese bien en cuestión.

Antiguamente, la gente comía las frutas, verduras y demás alimentos, que había en cada temporada. Hoy en día, los habitantes de los países desarrollados, pueden consumir cualquier producto que deseen, sin importar la época del año que sea, si están dispuestos a pagar el precio adecuado. Y ese precio incluye todos los costes en los que incurre la empresa importadora, más su margen de beneficio. Por el contrario, hay otros costes, que no se incluyen y suelen ser muy variados. Van desde la pérdida de calidad del producto, ya que tiene que ser recogido antes de tiempo y mantenido en condiciones de refrigeración, hasta que llegue a su destino final, a la contaminación ocasionada por su transporte y embalaje —que en muchos casos se hace con materiales difícilmente reciclables, tal y como es el caso del papel celofán. Embalajes que más temprano que tarde, acaban apareciendo en los lugares más insospechados del planeta, tal y como pueden ser los océanos o los glaciares.

Existen otros costes a tener en cuenta, como los derivados del monocultivo intensivo, que se suelen traducir en un agotamiento del recurso, en este caso el suelo; las penosas condiciones laborales que sufren millones de empleados, o la ruina de decenas de miles de pequeños agricultores ocasionada por las brutales variaciones de precios que se producen en mercados financieros, situados a miles de kilómetros del lugar de producción.

El segundo ejemplo hace referencia al coste derivado de la fabricación de un producto tan común como pueda serlo el aluminio. El coste total de una tonelada de aluminio es el siguiente: se necesita extraer de 4 a 5 Tm de bauxita. La bauxita suele estar situada a entre 4 y 6 metros de profundidad, por lo que la mayor parte de las explotaciones son a cielo abierto. Una explotación a cielo abierto genera los mismos residuos y contaminación de ríos y acuíferos que una subterránea, pero provoca una mayor deforestación y un mayor impacto paisajístico.

En lo que respecta al coste energético, se necesitan 15.000 Kw/h, por cada tonelada de aluminio, esto es unas 3 veces más que el que se necesita para fabricar una Tm de acero.

Durante el proceso se emiten a la atmósfera vapores de alquitrán, altamente tóxicos, y unos 30 kg. de dióxido de azufre —uno de los causantes de la lluvia ácida—, así como 4,5 kg. de fluoramina. Esta última es un derivado del amoniaco, con efectos especialmente nocivos sobre la salud humana. Entre otras cosas, provoca alteraciones y enfermedades en los huesos, los riñones y el cabello. Asimismo está comprobado que el aluminio genera problemas de salud neurológicos como la pérdida de memoria y temblores; tanto en seres humanos, como en plantas y animales. Estas enfermedades ocasionan un aumento del coste sanitario y social, que han de asumir los países extractores, pero en ningún caso repercuten en las cuentas de pérdidas y ganancias de las empresas, que se benefician de su extracción y comercialización.

Aquí creo que es necesario realizar una aclaración. La fabricación de un bien se justifica, si el valor que genera —en principio su valor de mercado— supera a su coste de producción. El problema, como ya se ha dicho varias veces a lo largo de este ensayo, es que el valor de mercado de un bien no siempre recoge la totalidad de los costes asociados al proceso productivo, tal y como acabamos de ver con el ejemplo de la bauxita. Como sociedad deberíamos empezar a plantearnos incluir los costes negativos derivados de la fabricación de los distintos bienes. Técnicamente, el asunto no es muy complejo. Habría que modificar el plan contable, para que los costes, no fuesen solo los derivados de su producción, sino también los que soporta el conjunto de la sociedad, esto es, incluir las externalidades positivas y negativas. El problema es de orden económico, político y social. Habría que decirle a un montón de sectores que sobran que producen en exceso o demasiado caro y que, por lo tanto, su aportación a la riqueza social, una vez sumado el valor de lo que producen y los costes que ocasionan, es nulo o incluso negativo.

Por último, señalar, y quizás sea el aspecto más curioso, que esta orgía y derroche de recursos se ha hecho porque sí, a cambio de nada; sin ninguna causa, ni motivo que lo justifique, excepto la búsqueda de nuestra satisfacción personal.

Los desarrollistas suelen justificar el crecimiento, aduciendo que es como la lluvia fina y que cuanta más riqueza creemos, menos pobreza habrá. Sin embargo, cuando se repasan los datos históricos de participación en la renta nacional, vemos que esta se ha mantenido más o menos constante, exceptuando los 30 años posteriores a la Segunda Guerra Mundial, y eso, ciñéndonos solo a Norteamérica y Europa Occidental. El problema no es económico, sino político y social. No necesitamos crear más riqueza para eliminar la pobreza. Ese estadio, por suerte o por desgracia, ya lo superamos hace unas cuantas décadas. Disponemos de suficiente riqueza para vivir todos. El único problema que hay, es que no estamos dispuest@s a compartirla.

V

¿QUE HA HECHO LA IZQUIERDA?

ALGUNAS PREGUNTAS SIN RESPUESTA PARA UNA CRISIS DE IDEAS QUE YA DURA MEDIO SIGLO

En las tres o cuatro últimas décadas hemos asistido a una serie de sucesos y acontecimientos que han cambiado el mundo tal y como lo conocíamos: la caída del Muro de Berlín y la revolución que hemos vivido en el campo de la informática y las telecomunicaciones han sido, sin lugar a dudas, los dos más relevantes. Pero ha habido otros muchos, como el 11-S, la guerra del Golfo, la crisis eterna de la UE, el 15-M, el ascenso de China como potencia global, la elección de Donald Trump como presidente de Estados Unidos, el terrorismo islámico, la pandemia global y otros muchos, como la guerra de Ucrania, la de Palestina, o la creciente influencia rusa y china en África y otros lugares.

El resultado de todos estos factores se ha traducido en una crisis existencial de la democracia tal y como la conocíamos hasta ahora. La ciudadanía parece haber dejado de creer en la legitimidad de gobiernos e instituciones y en la utilidad de su voto y cuestiona de forma abierta, los principios básicos del sistema democrático. La elección y reelección continua de los Abascal, Bolsonaro, Erdogan, Iglesias, Le Pen, Maduro, Orban, Ortega, Putin, Trump y otros muchos, así parece confirmarlo. Discursos maximalistas que se dirigen a los sentimientos y a las tripas de los votantes, más que a su cerebro. Soluciones simples para problemas complejos. Soluciones que suelen partir de tres principios básicos:

1. Nosotros somos los buenos y nuestra causa es la justa. El fin justifica los medios, por lo menos, si se trata del nuestro. No hay adversarios, ni contrincantes. Todo aquel que se oponga, es un enemigo y un traidor.

2. El líder mientras es líder, siempre tiene la razón.

3. Si no la tiene o algo falla, la culpa siempre es de los demás. En caso de duda, se procede a aplicar el punto 2.

Uno de los síntomas más claros de esta crisis de valores democrática es el desprestigio de la clase política. Una clase política que ha pasado de ser la élite, que diseñaba respuestas a problemas que aún no existían, o apenas se vislumbraban en el horizonte, a convertirse en una especie de elenco de actores histriónicos, siempre al borde de un ataque de nervios. Gente capaz de defender una cosa y la contraria, de forma casi simultánea; sin vergüenza ni rubor. Gente que dispone de unos privilegios desorbitados, que se conceden ell@s mism@s; gente que dispone de las haciendas y la vida del prójimo, pero que rara vez asume las consecuencias, que se derivan de sus actos y errores.

La crisis de la actividad política viene de muy lejos. En la Convención Demócrata de 1968, en pleno descontento por la guerra de Vietnam, un grupo de jóvenes *yippies*[29] pensó que si Lyndon B. Johnson podía liderar el país... ¡También podía hacerlo un cerdo! Así que presentaron a *Pigasus*, un verraco de 66 kg, como candidato alternativo.

---

29   El Youth International Party fue fundado en EEUU en 1967. Sus partidarios conocidos como *yippies*, solían ser jóvenes urbanitas, que al contrario que los *hippies*, no optaron por retirarse a comunas rurales. Los *yippies* participaron activamente en la vida pública, casi siempre a través de acciones espectaculares y muy teatralizadas, que sacudiesen el conservadurismo de la sociedad norteamericana. Su lema: *Do it* (*Hazlo*) resume su filosofía provocadora. En la actualidad, tal y como ha sucedido con otras muchas figuras y consignas antaño ligadas a la revolución, se ha convertido en el slogan publicitario, de una conocida multinacional.

El 23 de agosto de 1968, una multitud se congregó en Chicago, dispuestos a escuchar lo que un cerdo tenía que ofrecerles. Por desgracia, el mitin no pudo celebrarse, ya que la policía detuvo a los siete *yippies* organizadores del acto y a *Pigasus*, del que nunca más se volvió a saber. Hoy en día, en pleno año 2024, soy de la opinión, de que si alguien encontrase una laguna legal que permitiera presentar como candidato a un burro, a un cerdo o a un orangután, no sé si ganaría las elecciones, pero sin lugar a dudas, se haría un hueco en el panorama político, tanto en España, como en algunos de los principales países del mundo. Tal es el grado de cabreo y desprecio, que hay hacia la actividad política.

Dentro de esa crisis general de la política y falta generalizada de respuestas, la inoperancia e incapacidad que han mostrado los diversos grupos de izquierdas, a lo largo y ancho del planeta, para adaptar sus políticas a los cambios culturales, ecológicos, económicos y sociales que se han producido en el último medio siglo, merece un capítulo aparte. Pero esta historia debe contarse desde el principio.

El asunto empezó con la crisis del petróleo, en la década de los 70 del siglo pasado. El keynesianismo, qué tantos servicios había prestado a la socialdemocracia desde la crisis del 29 y la Segunda Guerra Mundial, se mostró incapaz de resolver los problemas de estancamiento e inflación derivados de la misma. De golpe y porrazo se descubrió que los impuestos, la redistribución de la renta y la regulación legal servían para mucho, pero no eran una varita mágica que pudiera resolver todos los problemas, muy especialmente, los derivados de las subidas de precios y la pérdida de poder adquisitivo. A eso hay que añadirle, la ineficacia en el gasto de muchos programas públicos; en ocasiones, porque solo respondían a intereses políticos y electorales del momento, y en otros casos porque respondían a políticas diseñadas décadas atrás para circunstancias que nada tenían que ver con las del momento. Todos estos factores terminaron convergiendo en la desactivación ideológica de la socialdemocracia y sus políticas redistributivas de la renta, que tan buenos resultados había dado, especialmente en Europa Occidental.

En cuanto a la otra rama, la de tendencia comunista y anarquista, continuaba a lo suyo, defendiendo las maravillas de la dictadura del proletariado y de la planificación económica; alabando la sabiduría del padrecito Stalin, el camarada Mao y el comandante Fidel, y mirando a otro lado cada vez que se hablaba de miseria, purgas, torturas, ejecuciones o campos de reeducación socialistas.

La consecuencia de esta parálisis ideológica de la Izquierda fue el ascenso de un nuevo paradigma económico: el monetarismo, nacido en la Universidad de Chicago, que abogaba por la vuelta al mercado más extremo, y que no tardó en convertirse en la teoría económica dominante. En la década de los 80 casi todos los profesores de economía del mundo repetían la misma frase:

> «Los mercados son eficientes por naturaleza y tienen capacidad para autorregularse. Si se les deja funcionar libremente, nos llevarán a un mundo de equilibrio y pleno empleo en el que todos seremos más ricos y felices. Y de todos los mercados que existen, los mercados financieros son los más eficientes, porque son los más competitivos».

Los 80, los 90 y la primera década de los 2000 fueron la gran época del monetarismo. El ascenso al poder de forma casi simultánea, por parte de Margaret Thatcher y Ronald Reagan a principios de los 80, marcó el inicio de la nueva era. La nueva política económica pronto dio sus frutos. El gasto público se redujo notablemente, sobre todo en políticas sociales, la inflación bajó y empezó a haber indicios de un cierto crecimiento. El coste social fue enorme, pero de eso no se habló, porque no le importaba a nadie... Por lo menos a nadie, de los que tomaban las decisiones. A fin de cuentas, siempre había sido así.

Los años posteriores a la caída del Muro en 1989 marcaron el punto álgido del monetarismo. *El fin de la Historia* —profetizaron algunos—. El libre mercado había sido capaz de acabar con el único sistema económico alternativo. Según ellos, la Historia pasaría a convertirse en una línea plana.

Pero la vida aún guardaba otra bala en la recámara. Al igual que había ocurrido con el keynesianismo, con el socialismo y con otros ismos, también el monetarismo tuvo que enfrentarse a sus propias contradicciones, y la quiebra de Lehman Brothers supuso su amargo final. La Gran Recesión de 2008 tuvo importancia, debido a su carácter sistémico. Los mercados no solo no eran tan eficientes como la teoría económica había asegurado que eran; sino que además, los financieros eran los más ineficientes de todos los mercados.

Hasta entonces los movimientos liberales siempre se habían excusado en las regulaciones legales y en los sindicatos como elementos que interferían en el libre mercado. Pero tres décadas de ideología liberal habían acabado con ese problema. La crisis de 2008 dejó claro que el libre mercado tenía más problemas que los sindicatos y el intervencionismo estatal. En definitiva, que el libre mercado no era tan libre, como algunos decían que era; ya que entre otras muchas cosas, existían posiciones de poder y prácticas monopolistas, por parte de los agentes económicos más poderosos. Prácticas muy comunes, pero a las que rara vez se aludía desde los organismos de control. Quizás porque había gente capaz, de pasar de sentarse en el Consejo de Ministros, a hacerlo en el Consejo de Administración de una transnacional, con la misma facilidad que un futbolista cambia de equipo. Gente, a la que la masiva desregulación legal, unida a la revolución informática, han dotado de un inmenso poder que les permite desplazar libremente el dinero de un lugar a otro y hacerlo a la velocidad de la luz. Ese poder para desplazar el dinero les permite poner y quitar gobiernos a voluntad, sin necesidad de pasar por las urnas.

La crisis financiera de 2008 supuso el canto del cisne del monetarismo. El capitalismo como tal, había muerto y había dado paso al ascenso de una nueva clase social. Y, tal y como se encargaron de dejar muy claro Marx y Engels, la aparición de una nueva clase social dominante, implica el nacimiento de un nuevo sistema económico, político y social. El poder ya no lo tienen los propietarios, sino esa nueva clase formada por trabajador@s muy cualificados y muy bien relacionados. Una nueva clase social, que no precisa disponer de la propiedad legal de los medios de producción, porque pueden disponer de ellos a su libre antojo y que entre otras muchas cosas dispone de la capacidad de fijar sus propias condiciones de trabajo y su salario.

La Izquierda, que durante gran parte del siglo XX había estado a la vanguardia del pensamiento, con sus políticas sociales y económicas, empezó a languidecer con la crisis del petróleo y del keynesianismo y entró en barrena y estado de coma y shock, con la caída del Muro de Berlín en 1989. La desintegración de la URSS y demás países del Este afectó tanto a la socialdemocracia como a los diversos movimientos de orientación marxista-leninista —sobretodo a los comunistas— y los sumió en un estado de catalepsia, del que aún no han logrado recuperarse.

La socialdemocracia optó por una sumisión cuasi absoluta al nuevo paradigma reinante, limitándose a intentar recuperar algunas migajas de lo que alguna vez había sido concebido como un Estado de Bienestar. Un Estado del Bienestar que se suponía era un estado intermedio hacia un nuevo sistema económico, que repartiese la renta de forma más justa y eficiente. Pero esto último había dejado de ser un objetivo y ya nadie se acordaba de él.

Los segundos prefirieron refugiarse en un pasado glorioso, cuasi religioso, y por lo tanto, en una visión absoluta de la vida. Ellos eran los buenos y no había nada más que discutir. Si nos ceñimos al discurso oficial de los partidos comunistas de todo el mundo, la única alternativa posible al difunto capitalismo del que tanto hemos hablado, pasa por las soluciones que Marx, Engels, Lenin, Trotsky, Mao o Fidel predicaron 50, 100 o 150 años atrás. Expropiar a los capitalistas, nacionalizar los medios de producción, redistribuir la riqueza y autogestionarse. Que ya no haya capitalistas, sino trabajadores ricos que explotan a sus compañeros y que no tienen nada que perder, no les importa; que el dinero pueda moverse a la velocidad de la luz, tampoco. Los más ricos deben pagar más impuestos. Bien, de acuerdo. Pero, ¿cómo conseguimos eso en un área económica como la UE, donde hay libre circulación de capitales, mercancías y trabajadores, pero donde no existe una armonización fiscal y hay socios que funcionan como paraísos fiscales y no hacen preguntas, sobre el origen del dinero?

En lo único en que coinciden los comunistas de todo el mundo, es que se haga lo que se haga, sea siempre bajo la dirección suprema del Partido —por supuesto el suyo, que es el único verdadero—. Las personas y los militantes pasan y son prescindibles. Pero el Partido es eterno y permanente y por lo tanto, es lo único que importa.

El Partido es la causa que todo lo justifica, hasta el punto de que todo aquel que no esté de acuerdo con su discurso oficial, que por supuesto y tal y como señalaba Orwell en *1984*, puede dar un giro de 180° cada vez que lo considere oportuno, pasa a ser un traidor. No deja de resultar curioso que haya sido un escritor como George Orwell, comprometido con la lucha antifascista hasta el punto de participar en la guerra civil española, quien mejor haya parodiado al comunismo. Hoy en día, muchos movimientos de izquierda siguen considerando a Orwell como un contrarrevolucionario, un revisionista o un traidor, cuando no todo a la vez.

Y es que el problema radica, no solo en que las políticas que defienden fueron las que aplicaron la URSS y los extintos países del Este, durante varias décadas y que fracasaron clamorosamente con la caída del Muro de Berlín, sino que además en los últimos 50 años el mundo, más que cambiar, ha sufrido una auténtica transformación. Esas soluciones ya no valen —aparte de por qué fracasaron— porque fueron diseñadas para un mundo que ya no existe. De hecho, resulta dudoso, que en la actualidad podamos afirmar que vivimos en un sistema capitalista, tal y como explicamos en páginas anteriores.

Y mientras todo esto sucede, la Izquierda política continua en su mundo de ensueño; imaginando que llegará un mañana mágico, en el que de golpe y porrazo se resolverán todos nuestros problemas, gracias a políticas revolucionarias y transversales, que por supuesto serán ecológicas, feministas y respetuosas con la memoria histórica y la diversidad sexual. Políticas que nadie sabe muy bien en qué consisten, pero de las que nadie se atreve a dudar, porque, se quiera o no, el futuro pasa por ahí, y dudar de semejantes políticas es lo mismo que dudar del Partido.

Por lo demás, da igual que esas políticas sean racionales o no, que funcionen o que no tengan la menor posibilidad de hacerlo. Incluso da igual, que tengan que ver o no con el asunto que se está tratando. A fin de cuentas, no importa que las soluciones sean eficientes o no; lo único que importa es que sean lo suficientemente simbólicas, como para transmitir la idea de que nos acercamos a ese mañana luminoso y resplandeciente con el que soñaron nuestros abuelos y que, por desgracia, ya no nos sirve de nada. Sobre todo, porque en el tiempo de nuestros abuelos, no había Internet y nadie se podía llevar más dinero que el cupiese en sus bolsillos, o en una maleta, si se era muy rico.

El mundo, lo quieran asumir o no los jerarcas de la Izquierda oficial, el progresismo, el crecimiento sostenible y la revolución verde ha cambiado en los tres planos a los que aludíamos antes: rl ecológico, el económico y el social. Y por desgracia, en ninguno de ellos, la Izquierda ha logrado dar con la respuesta adecuada.

1. La Ecología

Lo verde ha sido siempre un problema que el conjunto de la Izquierda no ha sabido tratar. Tradicionalmente lo ha considerado con desprecio, como propio y exclusivo del sistema capitalista. La posición oficial es que el sistema capitalista es depredador y destructivo por naturaleza y no se puede hacer nada, hasta que acabemos con el capitalismo. En definitiva, los problemas medioambientales se resolverán por sí solos, una vez tengamos un sistema económico más justo y solidario.

Bien, supongamos que están en lo cierto y el sistema capitalista es muy malo. ¿Qué se plantea? En el mejor de los casos, todo se fía a un vago concepto, denominado *Crecimiento sostenible*. Debemos aumentar la inversión en tecnología verde, eso permitirá aumentar el reciclaje y reducir las emisiones a la atmósfera, de tal forma que ni los beneficios, ni los empleos, ni el nivel de vida de la ciudadanía se vean afectados. ¿Cómo se consigue eso? De boca para fuera, obligando a los capitalistas a pagar la factura; bien sea con altos impuestos, bien regulando precios, bien de ambas maneras.

El problema de semejante afirmación, es que no resiste un análisis elemental. Obligar a pagar la factura a unos capitalistas en peligro de extinción, que se componen mayoritariamente de clase media-alta, que invirtió sus ahorros en acciones, bonos o inmuebles —recuerden que los *working rich* quedan fuera, ya que en teoría son trabajadores— no parece tarea fácil; mucho menos en una sociedad global, informatizada como la que vivimos y se convierte en una misión imposible en un entorno económico como el de la UE, donde hay libre circulación de bienes, capitales y personas, pero donde no existe una armonización fiscal y los capitales se pueden trasladar, a aquellos lugares en los que pagan menos impuestos.

Eso fue algo que quedó bastante claro con el rescate bancario de la Gran Recesión. Los bancos quebraron, los gobiernos pusieron el dinero que hizo falta, los pequeños inversores vieron evaporarse sus ahorros que creían seguros y los trabajadores sus empleos. Y mientras todo eso sucedía, los causantes del desastre —los *working rich*— cobraron sus millonarios salarios y bonus, movilizaron a sus contactos, y emigraron en busca de otro maravilloso empleo, bien fuese en el sector público, en el privado o en el internacional. Pero según la mayoría de la Izquierda esas son cuestiones sin importancia que nos desvían de nuestro verdadero objetivo, que no es otro que acabar con el capitalismo. La voluntad es la palanca que mueve el mundo y, con ayuda de la voluntad y el esfuerzo de todos, se puede conseguir todo. Que el capitalismo haya muerto, no tiene importancia. Nuestra misión es acabar con él.

Así que, ante la negación del análisis, el único refugio posible pasa por el buenismo, la fe y el *optimismo antropológico*, que dijo alguien my famoso. Hay que hacer políticas verdes y sostenibles. No es necesario que sean efectivas, solo que ayuden un poco, a la hora de vender el relato. No es culpa de nadie que l@s ciudadan@s decidan comprar aguacates, fresas o tomates en épocas del año que no se dan aquí y que, por lo tanto, haya que traerlos del otro extremo del mundo, con los costes económicos y medioambientales que eso conlleva, que como vimos anteriormente son muy diferentes de su precio. Al parecer los consumidores son entidades inocentes irresponsables de sus propias decisiones.

Uno de los mayores problemas a los que se enfrentan los defensores de la teoría oficial es que nadie ha sido capaz de definir en qué consiste ese oxímoron llamado *crecimiento sostenible*. Una maravilla cuasi milagrosa, que nos permitirá seguir creciendo ilimitadamente, en este pequeño planeta, llamado Tierra, que tiene un tamaño finito y por lo tanto, goza de unos recursos limitados. El crecimiento sostenible es el milagro de los panes y los peces, elevado a la enésima potencia y con una narrativa adaptada a la sociedad tecnológica del siglo XXI. Puede que la expresión suene bien en esas cumbres internacionales, cuyos resultados se reducen a unos objetivos vagos e imprecisos, que no obligan a casi nada. Pero el concepto de un crecimiento sostenible e infinito, donde una vez alcanzado el punto más alto de producción se puede continuar haciéndolo indefinidamente, sin que haya consecuencias, resulta sencillamente absurdo.

El falso remate de BP y una aproximacióna a la realidad ecológia en rojo

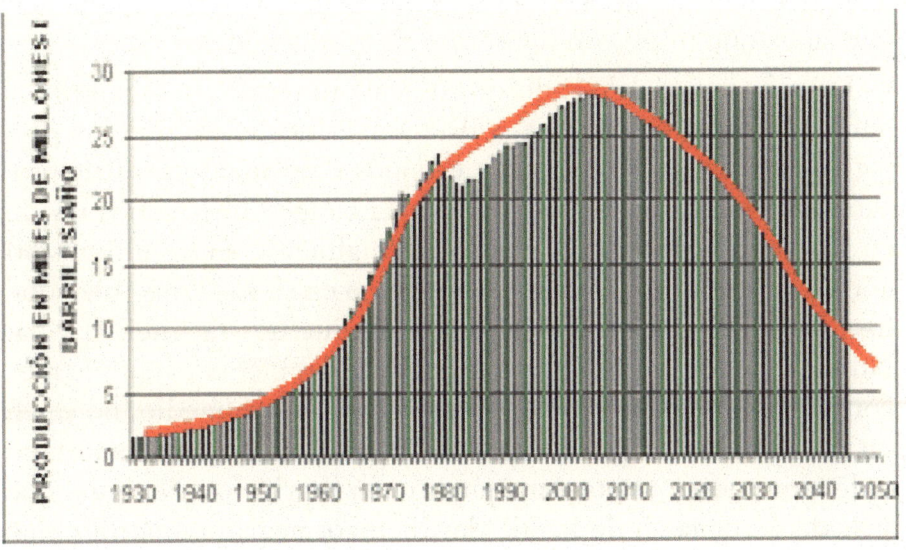

Fuente: crisisenergetica.org.

La gráfica, en este caso elaborada por Brithis Petroleum (BP) —que fue la responsable del gigantesco vertido de hidrocarburos en el Golfo de México, unas 779.000 tm de petróleo crudo, tras estallar la plataforma de perforación Deepwater Horizon el 22 de abril de 2010— hace referencia a la producción petrolífera, pero podría representar cualquier otra y es una demostración perfecta de ese pensamiento políticamente correcto, que no quiere molestar a nadie, porque quiere quedar bien con todos. Según BP, una vez se alcance el máximo de producción petrolera, permaneceremos ahí indefinidamente, por los siglos de los siglos.

Por suerte tenemos la línea roja que nos indica cuál será la futura evolución. Tras alcanzar el cénit, al principio del milenio, la producción petrolera decaerá, llegando a niveles mínimos, hacia el año 2050. Algo que coincide con otras muchas previsiones, como por ejemplo, las de la AIE, a la que hacíamos referencia anteriormente. El *crecimiento sostenible* que defienden nuestros políticos de Izquierda es el mismo que el de BP, pero a un nivel infinitamente superior, ya que, además del petróleo, pretenden disponer del resto de bienes y habitantes del planeta, suponiendo que su uso,no implica ningún tipo de consecuencias.

Lo más curioso de todo es que casi ninguno de esos grupos parece haberse detenido a considerar el hecho de que los problemas medioambientales que estamos empezando a sufrir provengan del desarrollo industrial y tecnológico que hemos vivido en los tres últimos siglos, y muy especialmente en los últimos 50 años, y no del propio sistema económico en sí. Está muy bien que haya lavadoras, neveras y ordenadores que nos faciliten la vida. No seré yo quien lo ponga en duda. El problema es que hemos convertido el crecimiento económico, que es un medio, no ya en un fin, sino incluso en un Dios Todopoderoso, que se adora en todo el mundo y al que hay que ofrecer sacrificios. Da igual que seas de derechas o de izquierdas, blanco, negro o amarillo, que hayas nacido en Alemania, en China o en Perú. El crecimiento es bueno en sí mismo y punto final.

Y, sin embargo, las cosas no funcionan tal y como nos dicen que lo hacen. Dados unos determinados recursos y una determinada tecnología, el coste ambiental y económico de fabricar 300.000 lavadoras es el mismo, bien se vayan a vender y alguien obtenga un beneficio particular, bien se vayan a repartir gratuitamente entre los vecinos de una determinada comunidad. El hecho de que pueda haber una mayor justicia social es una opción —que es una posibilidad y no una certeza— no tiene nada que ver con el coste ambiental y económico que acarrea cualquier decisión de desarrollo. Los desastres ocurridos en los países del Este, como el del Mar de Aral, el accidente nuclear de Chernóbil o los niveles de contaminación en la antigua RDA —que fueron declarados secretos en 1981— son buena prueba, de que el sistema comunista, ha sido tan depredador como el capitalista.

El problema es que el dilema va más allá de un sistema capitalista o comunista. Expandir el nivel de vida de la clase media de Europa, de EEUU o de Japón, a la totalidad de habitantes de la Tierra requeriría un planeta entre 4 y 6 veces más grande que el actual, tanto en tamaño como en recursos naturales. Según el discurso oficial, eso es lo que hay que hacer, que sea matemáticamente imposible, resulta una tontería sin importancia.

La cuestión principal radica en el concepto de crecimiento que hemos concebido. Consideramos el uso y explotación de recursos naturales, que en muchos casos tardarán años, siglos o milenios en reponerse, como un activo gratuito, que no tiene ningún pasivo correspondiente[30].

Si talamos un bosque para construir casas o barcos, la madera que se utilice, formará parte del precio del bien, igual que los salarios, o la amortización de la maquinaria empleada. El coste que no aparecerá en ningún cuadro contable es que ese bosque tardará decenas de años, puede que siglos enteros, en volver a su estado original. Eso tendrá consecuencias sobre las especies que habitan allí, lo que afectará al equilibrio del planeta.

Curiosamente, nadie parece haberse detenido a pensar que esos recursos no tienen por qué gastarse de inmediato, sino que podrían ahorrarse para su utilización en un futuro más o menos cercano.

Queramos reconocerlo o no, la cruda, dura, pura y simple realidad, es que hemos crecido más en los últimos 50 años que en los 5.000 precedentes. Hemos crecido tanto y hemos llegado tan

---

30   Para los neófitos en economía y contabilidad, el valor de una empresa, un Estado o una familia consta de 2 variables: el Activo —que es lo que tenemos— y el Pasivo —que es como lo financiamos— y que se compone de 2 apartados: el Patrimonio Neto —que es nuestra aportación y los beneficios que hayamos reinvertido— y el Pasivo propiamente dicho —que es lo que le debemos a terceros—. $A = P + PN$. Es la ecuación básica de la contabilidad.

arriba, que como los motores se apaguen ahora, la hostia que nos vamos a pegar, va a ser de campeonato. Hemos crecido tanto y tan rápido, que ha llegado el momento de decir: ¡BASTA!

2. La Economía

Pese a la caída del Muro y los cambios económicos que se han producido —tales como el ascenso de los *working rich* o la velocidad de desplazamiento instantánea del dinero— los actuales partidos de izquierda continúan aferrados al pasado y a las mismas políticas que defendían hace más de un siglo, cuando los bolcheviques asaltaron el Palacio de Invierno.

¿Qué soluciones nos ofrecen hoy los partidos de izquierda, para un mundo global en el que ya no hay capitalistas que explotan a trabajadores, sino trabajadores que explotan a otros trabajadores? ¿Qué proponen en un mundo, en el que los Estados carecen de poder porque la línea que separa lo público de lo privado es tremendamente difusa, ya que las personas que hacen las normas son las mismas que aconsejan cómo eludirlas? ¿Qué respuestas dan a una sociedad, en la que el dinero y la información —sea verdadera o falsa— se pueden desplazar a la velocidad de la luz? Para desgracia nuestra, las mismas respuestas y soluciones que les ofrecieron a nuestros abuelos y que no nos sirven de nada; uno porque fracasaron y dos, porque en aquella época, aún no había Internet.

¿Por qué fracasaron esas políticas? Como suele pasar en la vida, no hubo un único motivo sino una serie de ellos, que acabaron convergiendo en un colapso total del sistema.

1. Las nacionalizaciones no tienen propiedades mágicas y por regla general, una empresa pública puesta en manos de un incompetente —que no tiene más méritos que tener el carnet del Partido y mantener una fidelidad perruna al líder de turno— funcionará exactamente igual de mal, que

una privada, puesta en manos de otr@ incompetente, cuyo único título es ser hij@ de.

2. Los seres humanos somos egoístas por naturaleza y a los camaradas comisarios, encargados de dirigir el paraíso comunista, les gustan tanto los lujos y los privilegios como a cualquier alto cargo de la Comisión Europea o de una multinacional. En ausencia de controles, todos tendemos a autoconvencernos de lo sacrificado e importante que resulta nuestro trabajo y que esos privilegios de los que gozamos, es lo mínimo que merecemos.

3. La abnegación y el sacrificio, incluso cuando son voluntarios, tienen un principio y un fin. Los trabajadores y los militantes más comprometidos, no son una excepción. Cuando los estímulos al trabajo bien hecho no son suficientes y las condiciones laborales son malas, la inmensa mayoría de los seres humanos acaban concluyendo, que si la vida es una mierda, el trabajo y su producto también lo deben de ser.

4. Las dificultades técnicas de la planificación son enormes y a ellas hay que añadirles, otra de índole moral. Dado que la planificación conlleva el poder de controlar y regular la totalidad de la economía, la tentación es muy grande. Y como muy bien decía Batman: «*Todo gran poder, implica una gran responsabilidad*». En ausencia de mecanismos de control, la corrupción se generaliza y con ella, la ineficacia y la incompetencia.

No tengo nada en contra de Marx —ya he dicho que es uno de los grandes economistas de la historia— pero lo cierto, es que el pensador judío y alemán, murió hace 140 años y lo que es más importante, desde entonces el mundo ha cambiado de tal manera, que hoy día hay más distancia entre nuestra sociedad y la de Marx, que la que pudiera haber entre la de Marx y un habitante de la época de Tutankamón. Es más, creo que si Marx resucitase por un instante, lo primero que haría sería conectarse a Internet, para recopilar información y reformular sus teorías. Marx partía de la realidad —por eso llamó a su pensamiento Socialismo Científico—, pero, al parecer, eso es demasiado trabajo para los dirigentes de izquierda actuales. Es mucho más cómodo continuar con las recetas de siempre, aun sabiendo de antemano que están condenadas al fracaso.

El ejemplo más claro de esta incapacidad para analizar el mundo actual, fue el derrumbe de la Unión Soviética. Si nos ceñimos al discurso oficial de la izquierda rupturista, la caída del Muro fue por un lado, la mayor desgracia geoestratégica mundial, que haya ocurrido nunca jamás y por otro, un fenómeno extraño, que nadie se puede explicar, ya que por supuesto, todo se había hecho bien. El primer mandamiento y el más sagrado de todo militante comunista que se precie de tal, es que el Partido no se equivoca jamás. La URSS, la RDA y demás países del Este hicieron lo que tenían que hacer. Su caída solo se puede explicar por mala suerte y sobre todo, por culpa de una conspiración en la que participaron los poderes fácticos y económicos más oscuros, del capitalismo internacional: Ronald Reagan, el Papa Juan Pablo II, Teresa de Calcuta, el traidor de Gorbachov e incluso, los Rolling Stones y los extraterrestres del Área 51. Que un sistema económico y social que compitió durante siete décadas con las principales potencias capitalistas de la época —y que entre otros hitos fue capaz de colocar el primer satélite en el espacio — se derrumbase y se disolviese como un azucarillo en un vaso de agua, es algo que en opinión de la mayor parte de los movimientos de Izquierda no merece un análisis. Por no merecer, ni siquiera merece una duda o una pregunta. Y así llevamos más de tres décadas perdidas.

3. La Sociedad

En el plano social el principal cambio que se ha producido es la uniformización cultural de la población a través de los medios de comunicación de masas, y muy especialmente de las pantallas. La prensa, la radio, el cine, la televisión y en la actualidad Internet y las redes sociales han conseguido hacer realidad el sueño de cualquier dictador: una sociedad uniforme, con un pensamiento único y por lo tanto sumiso. Una sociedad que acata las órdenes que recibe, siempre y cuando sean transmitidas de la forma y por el canal adecuado y se presenten más como sugerencias, que como órdenes.

La consecuencia más palpable de esa sociedad basada en los medios de comunicación de masas, ha sido la creación de un ciudadano universal, que responde de la misma forma y manera, sin importar que haya nacido en Brasil, Canadá, Corea, Nigeria o Singapur. Un ciudadano que responde igual, porque ha sido educado bajo los mismos estímulos y patrones culturales: Marilyn, los Beatles, el Punk, Disney, Star Wars, Facebook o Amazon forman parte del patrimonio común en el que han sido educadas las últimas cuatro generaciones, con independencia de que vivan en New York, en Tokyo o en Leganés.

Puede sonar elitista, pero el mayor problema de esa uniformización global es que se ha producido por su extremo más bajo y lo ha hecho ante la pasividad de la Izquierda mundial, incapaz de cuestionar ese paraíso de consumo, moda y tecnología. En ese campo al igual que en otros muchos, la Izquierda se ha aferrado a sus mitos y ha asumido que el crecimiento y la globalización son buenos por naturaleza.

Pero al contrario de lo que decía la teoría, la ciencia y el desarrollo no nos han llevado a esa sociedad más fraternal e igualitaria, en el que todas las personas pudieran *realizarse* libremente —por usar la terminología cursi del siglo XX— y dedicarse a hacer aquello que les gustase, ya que las máquinas se encargarían de todo. Más bien hemos ido hacia una sociedad conformista, sumisa y superficial; una sociedad de esclavos voluntarios que acepta todo lo que le digan con tal que incluya su dosis de comida y diversión diarias. Pan y circo decían los romanos y, por lo visto, decían bien.

Ya he dicho que Karl Marx (1818-1883) es uno de los grandes economistas de la Historia junto con Adam Smith (1723-1790), David Ricardo (1772-1823), John Maynard Keynes (1883-1946) y Milton Friedman (1912-2006). Y creo que se puede afirmar que estos cinco son los más grandes economistas de todos los tiempos, porque sus ideas sirvieron para cambiar el paradigma económico dominante en su época y, por lo tanto, el mundo tal y como lo concebíamos hasta entonces. Pero una cosa es que Marx sea un gran economista y otra muy diferente que sea la única fuente de la sabiduría, o mucho menos una especie de profeta que ha venido a redimirnos de nuestros pecados[31].

Si Karl Marx y Friedrich Engels (1820-1895) resucitasen durante unas horas y les pudiéramos explicar que hoy en día tenemos pantallas que nos informan al instante de lo que ocurre en cualquier lugar del mundo, que hace décadas que se produce lo suficiente para alimentar a toda la humanidad, pero que pese a ello tres cuartas partes de la población se muere de hambre, y que podemos destruir el planeta con solo pulsar un botón... Si pudiésemos resucitarlos y explicarles todo eso, entonces quizás llegasen a comprender que no hay esperanza para la especie humana y mucho menos para esa sociedad idílica con la que ellos soñaron.

---

31   Smith fue el primer economista de la Historia. Ricardo el todoterreno que exploró los distintos paisajes de la economía, desde la teoría del valor-trabajo, al comercio internacional. Marx, el primero que se atrevió, no solo a realizar una autopsia del sistema económico, sino también a criticar sus injusticias y proponer una alternativa. Keynes nos mostró las posibilidades de la intervención y la regulación estatal. En cuanto a Friedman, no soy muy partidario de él, pero hay que reconocer que es el economista cuyas ideas han marcado el desarrollo del planeta en las últimas décadas, exactamente desde que Margaret Thatcher y Ronald Reagan llegaron al poder, de forma casi simultánea. La caída del Muro de Berlín, la revolución informática y la crisis financiera de 2008, no se pueden comprender sin las ideas de este economista estadounidense.

4. El Partido

Gran parte de la culpa de lo que ocurrió la tuvo Vladimir Ilich Ulianov, 'Lenin', para amigos y colegas. Lenin se dio cuenta de que en el planteamiento de Marx y Engels había dos grandes problemas. En primer lugar, si había que esperar a que se diesen las condiciones objetivas y las contradicciones en el sistema económico capitalista, era muy posible, que la revolución socialista pudiera tardar años o décadas en llegar. En segundo lugar, si Marx estaba en lo cierto, la revolución socialista correría paralela a la Revolución Industrial. Primero se produciría en los países más avanzados como Estados Unidos, Reino Unido, Francia o Alemania, que disponían de un sistema capitalista potente. Por el contrario, naciones como China, Cuba, España o Rusia, se quedarían para vestir santos, dada su situación de subdesarrollo económico, más próxima al feudalismo que al capitalismo. Y la verdad sea dicha, ni Lenin, ni Trotsky, ni Mao, ni Fidel eran personas que se caracterizasen por su paciencia.

¿Qué fue lo que hizo Lenin? Introdujo un concepto nuevo: un concepto que, si bien, ya estaba en Marx y Engels, él se encargó de llevarlo a otro nivel. Ese concepto no es otro que el de *la vanguardia del proletariado*. Lo que en Marx y Engels aludía a los elementos más conscientes, políticamente hablando, de la situación social de la clase trabajadora, en Lenin se convierte en algo heroico y cuasi religioso. 'La vanguardia del proletariado' pasa a convertirse en un grupo de apóstoles o elegidos —una especie de superhéroes— que a través de la propaganda y de la acción revolucionaria tienen ni más ni menos, que la capacidad de modificar las condiciones objetivas; y, por lo tanto, no solo de llevar al límite las contradicciones del sistema económico, sino también de acelerar, la llegada de la revolución socialista.

El tema del Partido ha sido desde hace más de un siglo uno de los grandes problemas de la Izquierda, y como en el caso del crecimiento económico, ha sido muy mal tratado y nos hemos conformado con el establecimiento de una serie de verdades, que todo el mundo asume como buenas e indiscutibles.

Por desgracia, Lenin tuvo mucha influencia en esta cuestión y, dados sus planteamientos absolutistas, abogó por la necesidad de dotarse de una organización jerárquica y muy centralizada, que tomase las riendas con mano firme. Una organización en cuya cúspide, se encuentra el líder absoluto.

Hay que decir, que en lo referente a la organización centralizada del Partido, todos lo que han podido, han seguido a Lenin y los que no lo han hecho, ha sido porque carecían de poder suficiente. Desde los liberales y conservadores, a los socialdemócratas y desde la extrema derecha, a los sectores más a la izquierda de la socialdemocracia todos han continuado el camino marcado por él, si bien es cierto, que los comunistas lo han hecho de una forma más fanática y fervorosa. De hecho, lo han llevado a tal extremo, que se refieren a su partido, como El PARTIDO, con mayúsculas y en absoluto. La conclusión de semejante axioma resulta obvia: *Si un PARTIDO con mayúsculas tiene la razón, el resto, o defienden lo mismo que ell@s —con lo que son redundantes y sobran— o bien discrepan de ell@s, con lo que pasan a convertirse en contrarrevolucionarios, revisionistas y traidores; o por usar la terminología religiosa, que quizás sea más apropiada en este caso, en herejes y pecadores.*

El Marxismo, con sus aciertos y errores, es básicamente un método de análisis económico. El marxismo-leninismo es ante todo una religión- y como sucede en todas las religiones, por muy respetables que sean- sus acólitos, tienden a moverse en valores absolutos. No se admiten los razonamientos, ni mucho menos la negociación. Negociar equivale a rendirse y ell@s no se rinden jamás, porque están en posesión de la verdad absoluta. O se está con ellos, o se está contra ellos. Así de sencillo, y así de simple. El partido único, el culto al líder, las masivas campañas de propaganda, los campos de reeducación socialista, o las purgas de todos aquellos considerados como burgueses, intelectuales, revisionistas, traidores, o incluso lo peor de lo peor: *contrarrevolucionarios*. Es la consecuencia lógica de ese pensamiento absolutista, que antepone lo propio, por encima de todo.

«Una única sociedad, con un único pensamiento, bajo la dirección de un único líder», dijo alguien alguna vez, y el problema no es solo que lo dijo, sino que cuando lo hizo, todos los demás se quedaron callados y lo dieron por bueno. Los pocos que se atrevieron a alzar la voz, fueron purgados de inmediato.

La consecuencia de esta sacralización del partido es que la Izquierda se ha convertido en algo a medio camino, entre lo militar y lo eclesiástico. Un movimiento rígido y vertical, donde la palabra del dirigente de turno se convierte, automáticamente, en la palabra de Dios. La mayoría de las decisiones importantes han sido tomadas de antemano por un pequeño grupo de líderes que —al igual que los *working rich*, a los que aludíamos antes— están más preocupados por defender sus intereses y privilegios que por el bienestar de la ciudadanía. El mejor ejemplo de este tipo de política fueron los difuntos países del Este, con su famosa *nomenklatura*, que, por otro lado, no hizo más que aplicar el antiguo sistema de la Iglesia católica, que tan buen resultado le había dado durante 2.000 años. Un sistema en el que, para bien o para mal, los dirigentes actuales, son educados por dirigentes anteriores en los mismos centros y con los mismos valores en los que habían sido educados ellos. Resultado: Una sociedad educada bajo las mismas creencias y donde las decisiones, se toman por unanimidad absoluta.

¿Por qué por unanimidad? Muy sencillo. Porque la unidad y la unanimidad forman parte de la barricada, que defiende sus privilegios. De hecho son su materia esencial. Por desgracia en la Izquierda actual, todo se reduce a la filosofía juche[32]: *Una única*

---

32   El *juche* o *zuche* significa 'autoconfianza'. A esta filosofía también se la conoce como Socialismo al estilo coreano o Pensamiento Kim Il-Sung —nombre que se debe al líder comunista norcoreano Kim Il-Sung—. Es la ideología comunista que define la soberanía y política de Corea del Norte, establecida en artículo 3 de la Constitución norcoreana. La idea juche es un sistema filosófico e

sociedad, con un único pensamiento, bajo la dirección de un único líder.

5. La Actualidad

Empecé a escribir este ensayo a mediados de 2023, desde entonces han sucedido muchas cosas en el mundo, y sobre todo en España y en la Izquierda española. Por aquellos días, el presidente del Gobierno anunciaba la revisión de la ley del *solo sí es sí*, después de más de 270 rebajas de condenas y dos decenas de excarcelaciones de agresores sexuales. No creo que la ministra Montero quisiera liberar violadores, como han dicho algunos medios, pero es obvio que la ley está mal hecha y ha tenido efectos indeseados. Sin embargo, desde Podemos prefirieron atrincherarse en una posición tan ridícula como defender que había una conspiración de jueces, fiscales, abogados, policías e incluso colectivos feministas que buscaban tergiversar la ley, antes que asumir que una de sus lideresas hubiera podido cometer un error.

Un problema al que se enfrenta esa visión absoluta que se ha implantado en la Izquierda desde los tiempos de Lenin y Trotsky es que la vida y la realidad van por libre y no se suelen sentir muy afectadas por lo que pueda decidir el Partido o la Religión de turno. Ya lo dijo Zamyetin: «Todas las religiones atraviesan tres etapas: la profética, la apostólica y la eclesiástica». Marx y Engels fueron los profetas; Lenin, Trostky, Mao y Castro los apóstoles; y ahora nos ha llegado el turno de los eclesiásticos: esos obispos indolentes y abotargados, que permanecen detrás del escritorio. Los Maduro, Sánchez, Díaz, Melenchon y otros son buen ejemplo de ello. Gente que no aporta nada, porque se limita a vivir de las rentas que dejaron sus antepasados políticos.

---

ideológico cuya formulación se atribuye al presidente Kim Il-Sung y cuyo desarrollo posterior se atribuye a Kim Jong-il. Dicha doctrina se comprende como la adaptación concreta antirrevisionista del marxismo.

Como digo, desde entonces han sucedido muchas cosas. Tras la debacle electoral de las municipales y autonómicas de mayo de 2023, el presidente adelantó las elecciones y contra todo pronóstico consiguió aguantar y volver a ser investido. También ha conseguido, un año después, que su candidato se haga con la Generalitat de Cataluña. Eso sí, el precio a pagar ha sido astronómico y hasta ahora incluye indultos, amnistía, 15.000 millones de quita de deuda, agencia tributaria propia —si consigue que se apruebe en el Congreso— y una situación vergonzosa en la que un prófugo de la justicia da un mitin de tres minutos delante de 600 mossos de squadra y consigue fugarse, porque a nadie se le ha ocurrido controlar el tráfico, ni a las personas que entraban y salían.

En la actualidad el presidente del Gobierno de España se ha visto obligado a desdecirse de todo lo que había prometido, e incluso más, a proclamar que lo que antes era malo, ahora no solo es bueno sino incluso milagroso. Consecuencia de ello, es que hoy en día la palabra del presidente de Gobierno tiene el mismo valor que un rollo de papel higiénico usado.

Todo eso, ¿a cambio de qué? De la investidura y nada más. Desde la toma de posesión hace un año, se han aprobado tres leyes: la reforma del artículo 49 de la Constitución[33], la regulación de las enseñanzas artísticas profesionales y la amnistía, que es la única relevante y que, curiosamente, fue negociada en el extranjero, muy lejos del poder legislativo y judicial, que son los que tienen capacidad para controlar al Gobierno.

Los presupuestos del Estado —la ley más importante del año, ya es que es la que expresa en dinero, cuáles son las verdaderas prioridades del Gobierno— se han visto aparcados por segundo

---

33   Ese artículo decía. «Los poderes públicos impulsarán las políticas que garanticen la plena autonomía personal y la inclusión social de las personas con discapacidad, en entornos universalmente accesibles. Asimismo, fomentarán la participación de sus organizaciones, en los términos que la ley establezca». Y de lo que trataba la reforma constitucional era de que no se dijese «personas con discapacidad».

ejercicio consecutivo, víctimas directas del calendario electoral y de los intereses partidistas.

A todo esto hay que añadirle las informaciones publicadas sobre supuestos casos de corrupción, que afectan a personas muy cercanas al presidente.

Por supuesto, y como no podía ser de otra manera, Pedro Sánchez lo ha negado todo y lo ha atribuido a una conspiración ultraderechista orquestada por lo que llama «*la máquina del fango*», compuesta por jueces, periodistas y opositores diversos. Además, ha escrito dos cartas a la ciudadanía, bastante cursis, con el único propósito de dar más pena que explicaciones. Si el presidente del Gobierno hubiese querido zanjar el asunto podría haber convocado una rueda de prensa en la que hubiese respondido a dos sencillas preguntas:

1. ¿Cómo es posible que dirija una cátedra de una universidad pública, una persona que carece de licenciatura?

2. ¿Es ético e incluso estético, que un familiar directo de quien ocupa el cargo más importante del país, trabaje con empresas que optan a contratos y subvenciones públicas?

En el caso de la izquierda radical o rupturista las cosas no van mucho mejor. La vicepresidenta Yolanda Díaz —elegida originalmente por Podemos— decidió crear su propio proyecto político —por supuesto, sin renunciar a la plataforma que le daba su cargo de vicepresidenta— y consiguió aglutinar a gran parte de la izquierda del PSOE, a costa de engullir los restos de Podemos. Tras un comienzo esperanzador, los resultados electorales han dejado de acompañarla y las tensiones entre los socios —nada más y nada menos que 15 partidos— salen a relucir a diario, lo normal cuando se carece de un proyecto común y el único pegamento es el reparto de cargos.

Antes decíamos que Pedro Sánchez se ha visto obligado a retractarse de todo lo que prometió en campaña electoral para pactar con los independentistas y seguir en Moncloa. En Sumar las cosas no van mejor y hay dirigentes a favor y en contra del cupo catalán, del apoyo a Ucrania o de la ley Trans. El único pegamento como en el caso del PSOE pasa por el ejercicio del poder y el culto al líder.

¿Cómo se consigue alcanzar ese grado de hiperliderazgo? Fundamentalmente, a través de dos mecanismos: Propaganda y Represión. Una Propaganda masiva y omnipresente que ensalce los logros del régimen y del partido de turno, sean reales o inventados; y una Represión dura y eficaz, capaz de neutralizar a todos aquellos elementos que se atrevan a cuestionar al partido o a sus líderes. No se busca la inteligencia, ni el talento: es más, incluso se castiga, ya que, con frecuencia, suelen resultar peligrosos y subversivos. La fidelidad y la obediencia absoluta pasan a convertirse en los valores éticos predominantes. No se admiten dudas, ni preguntas. O se está con el Partido o se está contra él. Y si se está con el Partido, se está con todas sus consecuencias, incluso cuando hace aquello que parece ir contra sus principios fundamentales. Un buen militante no duda jamás. Eso es algo que Lenin y Stalin se encargaron de dejar muy claro y que, por si había dudas, Gorki se encargó de llevarlo a la narrativa épica, en su novela *La Madre*. Al final todo se reduce a una cuestión de buenos contra malos y obviamente el Partido, no solo está del lado de los buenos, sino que, de hecho, es el único realmente bueno. El resultado es una ciudadanía y una militancia sumisa y obediente, incapaz de pensar por sí misma, lo que acaba teniendo consecuencias muy dañinas, para el desarrollo de un país.

Llegados a ese punto, la cuestión de ¿para qué gobernar? ya no tiene sentido. Lo único que importa es ¿quién debe gobernar? Y, una vez que se ha conseguido gobernar, la cuestión se reduce a mantener el poder, sea como sea. Ya lo decía O'Brien en *1984*:

«[...] El Partido quiere tener el poder por amor al poder mismo. No nos interesa el bienestar de los demás; solo nos interesa el poder. No la riqueza, ni el lujo, ni la longevidad, ni la felicidad; solo el poder, el poder puro [...]. El poder no es un medio, sino un fin en sí mismo. No se establece una dictadura para salvaguardar una revolución; se hace la revolución para establecer una dictadura».

VI

LA IZQUIERDA QUE NECESITAMOS

¿Qué habría que hacer, para resucitar a una izquierda moribunda y carente de ideas?

En primer lugar, necesitamos una Izquierda que deje de mirarse el ombligo y se olvide de ese buenismo *hippy* y ese optimismo antropológico en el que se ha instalado; una Izquierda que aterrice en el planeta Tierra y asuma que entre los seres humanos hay asesinos, violadores, ladrones y demás especímenes peligrosos y que, por lo tanto, necesitamos disponer de unas fuerzas de seguridad y un sistema judicial.

Necesitamos una Izquierda que asuma el pasado —el suyo y el de los demás— con sus aciertos y sus errores; que se atreva a reconocer, que comparado con cualquier otra época de la Humanidad, el capitalismo ha sido el sistema económico más avanzado, más eficiente y más justo que ha habido nunca jamás[34].

¿Ha sido eso suficiente para erradicar la pobreza? Por supuesto que no, pero eso no quita para que haya sido lo menos malo que hayamos tenido nunca jamás. Quizás haya llegado el momento de plantearse que a lo mejor el problema no es tanto el sistema económico como el ser humano. Hay algo en lo más profundo de nuestro interior que nos lleva a una relación de dominio y

---

34   Si nos situamos en tiempos de Nabucodonosor, Tutankamón, Alejandro, Julio César, Felipe II o Luis XIV, el porcentaje de población que vivía más o menos acorde con las posibilidades tecnológicas de su época no llegaba, siendo muy optimista al 0,0001%. Hoy en día, entre un 8 y un 15% de la población mundial vive en condiciones más o menos dignas y los índices de mortalidad han caído en picado.

destrucción con todo aquello que nos rodea, incluidos nosotros mismos. Y, por desgracia para la izquierda, eso no tiene nada que ver con las maldades que pueda organizar un oscuro señor llamado Capitalismo.

Necesitamos una Izquierda que deje de tratar la Historia y la lucha de clases como algo más que una peli de los pobres buenos contra los ricos malos; una película en la que siempre van ganando los ricos, hasta que en la última y épica batalla final, acaban triunfando los pobres buenos y a partir de ahí y como por arte de magia, el mundo se convertirá en un lugar maravilloso y feliz en el que no existirán las enfermedades, ni las guerras, ni la miseria.

No debemos olvidar que tanto el socialismo como el comunismo son hijos del capitalismo y, por regla general, suele estar mal visto que los hijos renieguen de sus padres. Si la Izquierda quiere ser una alternativa necesita hacerlo mejor que sus antecesores. Si de verdad queremos solucionar los graves problemas económicos, ecológicos y medioambientales que nos afectan, hay que reconocer el problema y tener el valor de explicarle a la gente que las políticas que diseñemos para solucionar esos problemas tendrán un impacto brutal sobre el desarrollo industrial y tecnológico que hemos vivido en los últimos cincuenta años y, como no puede ser de otra forma, también afectarán a nuestro modo y nivel de vida.

Necesitamos, en definitiva, una Izquierda que vuelva a la esencia de Marx; al hecho, de que los análisis se hacen partiendo de la realidad, y no de cómo nos gustaría que fuese la realidad. Una Izquierda que asuma, que toda decisión tiene sus costes y que no se puede quedar bien con todo el mundo y al mismo tiempo.

El problema es que plantear este tipo de cuestiones resulta tabú para la Izquierda actual. Decir que las nacionalizaciones, las regulaciones, o los impuestos tienen sus límites y no son soluciones milagrosas, requiere valor. Asumir que el mundo ha cambiado y que las recetas que se llevan décadas aplicando ya no nos sirven, requiere algo más que valor; requiere una voluntad casi suicida y un coste emocional tremendo. Eso es así por varios motivos.

En primer lugar, porque supone romper un pacto no escrito, según el cual nunca se cuestiona ese pensamiento buenista, antropológicamente optimista y sin el menor atisbo de autocrítica, en el que se sienten tan cómodos, la inmensa mayoría de dirigentes y movimientos de Izquierda. Ese pensamiento positivo al que se recurre cada vez que fracasan las políticas aplicadas.

En segundo lugar, y consecuencia de lo anterior, porque cuestionar eso supone pasar de la religión a la ciencia; de la fe a la razón y, por lo tanto, asumir que la duda permanente es la única certeza posible. Eso quiere decir, ni más ni menos, que entra dentro de lo posible que los adversarios puedan tener razón en algunas de las cuestiones que plantean. El problema es que decir algo así supone ser tildado de hereje, revisionista, traidor, contrarrevolucionario y fascista, cuando no de todo a la vez. Eso supone la excomunión automática y, en otros tiempos y lugares, el paso a mejor vida.

En tercer lugar, supone ofender a un montón de compañeros; gente estupenda, que cree de buena fe que esa religión que predica un mañana cercano y mejor —porque siempre estamos a punto, pero por desgracia nunca lo conseguimos, bien sea por conspiraciones, o por mala suerte— es real y existe. Cuestionar eso supone despedirse de ell@s. De alguna forma les estás diciendo que ya no crees en ese camino; el mismo camino que siguieron antes nuestros padres y abuelos. Se quiera o no, decir esas cosas genera malestar; el mismo tipo de malestar que decirle a un niño pequeño que los Reyes Magos no existen, o peor aún, que existen, pero que son los padres.

En cualquier caso, necesitamos una nueva Izquierda, una Izquierda que se atreva a mirar al mundo de frente, que intente analizarlo y comprenderlo y, lo que sería aún mejor, que se atreva a plantarle cara; aunque solamente sea para que podamos extinguirnos con un mínimo de dignidad.

VII

¿QUÉ DEBEMOS
Y QUÉ PODEMOS HACER?

Si bien es cierto que hasta ahora el capitalismo se ha mostrado como un sistema muy flexible, capaz de adaptarse a las distintas crisis que ha sufrido, no es menos cierto que por primera vez en la Historia se enfrenta a una crisis en la que dos de sus valores preferidos —el crecimiento y la competencia entre agentes económicos— no solo no sirven para nada, sino que incluso pueden ser contraproducentes. Por primera vez en la Historia el sistema económico se enfrenta al reto de que el planeta tiene límites físicos y no puede continuar expandiéndose indefinidamente. La frase de Kenneth Boulding, con la que iniciábamos este trabajo, es muy reveladora. Sencillamente, no es posible crecer indefinidamente en un mundo con un tamaño determinado. No importa qué ideología o qué escuela se profese, como dijo un torero, que también era filósofo: *lo que no puede ser, no puede ser y además es imposible*. La prudencia más elemental nos dice que debemos empezar a prepararnos para ello. Sin embargo, nuestra élite económica y política no parece estar por la labor.

El problema objetivo al que nos enfrentamos y que nuestros dirigentes se niegan a ver —porque es de muy mal gusto señalarlo y prefieren continuar con sus magníficos discursos sobre lo democráticas, idílicas, libres y productivas que son las sociedades en las que vivimos— es que el tiempo de juego se está agotando. En la actualidad el planeta tiene 7.919.532.300 habitantes y cada año su población aumenta en unos 80.000.000. Cada día que pasa somos más personas agolpadas en un mismo planeta; un planeta que dispone de unos recursos limitados que, por un lado, son cada vez menores y, por otro, distan mucho de repartirse de forma justa y equitativa entre sus habitantes.

Un caso singular y paradigmático de nuestro sistema social y económico es el abuso de la energía que utilizamos para mantener nuestro sistema productivo y nuestro nivel de vida, y que proviene fundamentalmente de derivados del carbono. Según la AIE, las reservas conocidas de petróleo durarán hasta el año 2050, más o menos. Esto supone unos veinticinco o treinta años de plazo, sesenta en el caso del gas y unos doscientos en el del carbón. Pero el problema no es ese; el problema es que continuamos negando la realidad, actuando no ya como si no pasara nada, sino como si nuestro paraíso artificial de consumo fuera a durar eternamente.

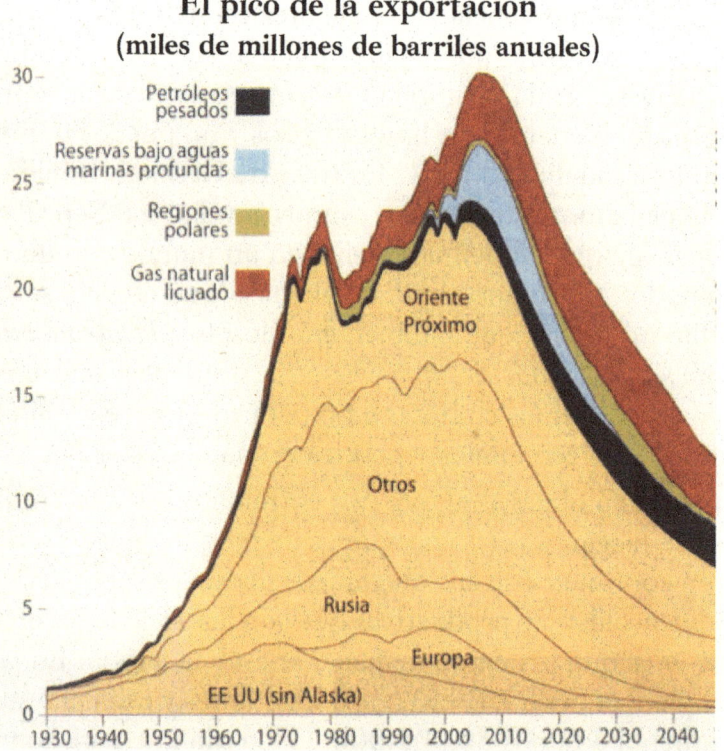

El pico de la exportación
(miles de millones de barriles anuales)

Fuente: Juanjogabina.com.

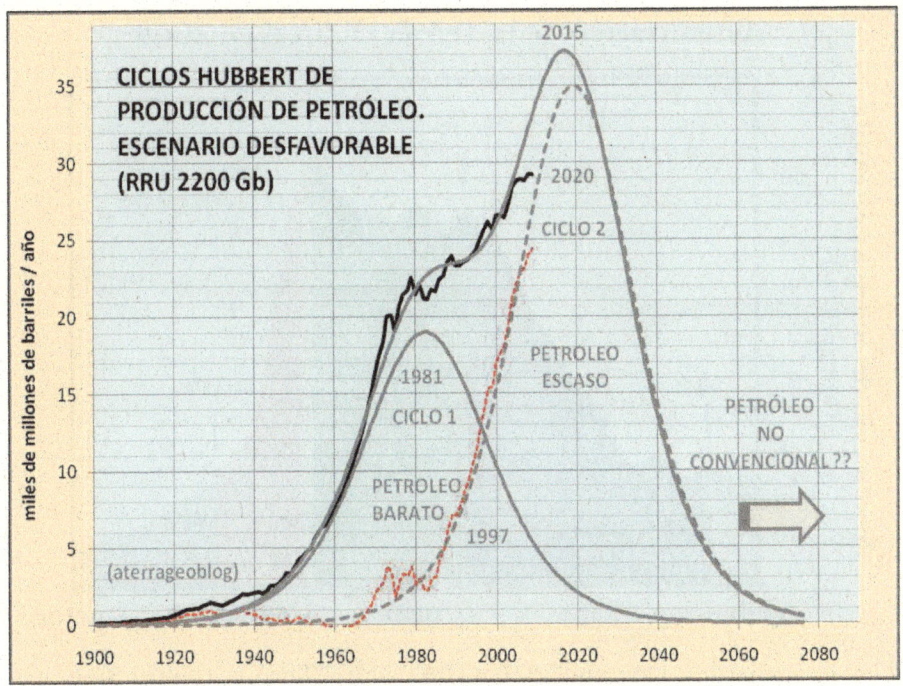

Fuente: Aterrablog.

Pronóstico de tasas de crecimiento según la teoría de Olduvai

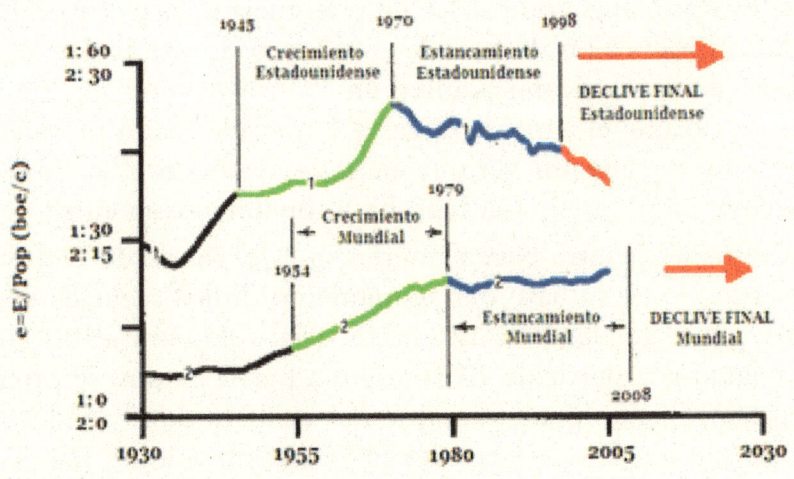

Fuente: Richard C. Duncan (2007), «The Olduvai Theory: Termina Decline Imminent».

Actualización de la Teoría Olduvai en 2009

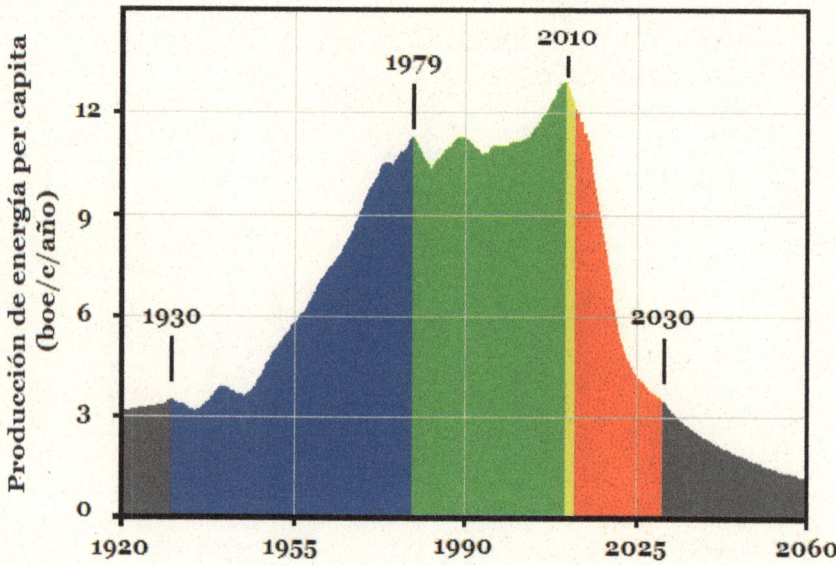

Fuente: Richard C. Duncan (2009) «The Olduvai Theory: Toward Re-Equalizing the World Standard of Living».Pronóstico de consumo de energía per cápita en azul. La etapa de crecimiento en verde, en amarillo la de estancamiento y en rojo la de declive final.

Las dos primeras gráficas hacen referencia a los ciclos de Hubbert, de producción de petróleo y el pico de extracción. Este geofísico norteamericano planteó en 1956 algo tan elemental y básico como que el carbón, el gas y el petróleo eran productos no renovables y que una vez que alcanzasen su punto máximo de extracción, empezarían a decaer, hasta finalmente agotarse.

La tercera y cuarta hacen referencia a la Teoría de Olduvai, que partiendo de la base del agotamiento de los recursos energéticos, prevé que la civilización industrial solo durará 100 años más, contados a partir de 1930 y que a partir de ahí, se producirá una involución paulatina, que nos acabará devolviendo a la edad de piedra. Las teorías del Sr. Duncan siempre han sido muy controvertidas. Personalmente desconozco si producirá esa regresión, o incluso la desaparición de la raza humana, tal y como defienden los teóricos del *die-off* o extinción masiva. La verdad sea dicha, es que entre los teóricos que analizan este tipo de cuestiones, los hay de todo tipo, desde los que creen que el sistema será capaz de reinventarse de nuevo, hasta los que abogan porque estamos condenados a desaparecer como especie. Entre los primeros abundan los creyentes en la ciencia, que creen, a pies juntillas, que el desarrollo de la tecnología supondrá la solución a todos nuestros problemas. Por ejemplo, desarrollando un sistema de reciclaje tan perfecto que podamos reutilizar incluso el aire que respiramos; o bien generando nuevas formas de energía, gratuitas e ilimitadas; o incluso gigantescas naves espaciales que nos permitirán trasladarnos de un planeta a otro, para explotarlo a nuestro antojo y convertirnos en algo así como las langostas del universo. A fecha de hoy en día, y hasta donde yo sé, nada de eso es posible y aun suponiendo que en algún momento pudiera serlo, no hay ninguna garantía de que esas alternativas científicas sean desarrolladas a tiempo.

Otra posibilidad, quizá la más horrible y la más real, es la que han anticipado muchos escritores de ciencia ficción, caso de Orwell[35]o de Huxley, y que pasa por la creación de gigantescas corporaciones, públicas o privadas, con capacidad para controlar el sistema social y para imponer un sistema de castas, con

35   George Orwell (1903-1950), escritor inglés que fue policía imperial británico, vagabundo, colaborador de la II República en la Guerra Civil, socialista y muchas cosas más. Sus dos novelas más conocidas son *Rebelión en la granja* y *1984*. En ambas plantea la cuestión de un poder absoluto, que no tiene más ley que su propio capricho.

Rebelión en la granja, Ed. Destino, Colección Destinolibro, 1980. *1984*, Ed. Destino, Colección Destinolibro, 1984.

Aldous Huxley (1894-1963), también inglés, no tuvo una vida tan ajetreada como la de Orwell. Es un representante del pensamiento puro. Escribió numerosas novelas y ensayos, sobre infinidad de temas, desde el teatro y la estética, al uso de sustancias alucinógenas. Su obra más conocida es *Un mundo feliz*, en la que nos sumerge en una sociedad totalitaria del futuro. Por desgracia, con el transcurso del tiempo *Un mundo feliz* ha dejado de ser una obra de ficción, para irse convirtiendo en una triste realidad.

Un mundo feliz. Editores Mexicanos Unidos, 1985.

distintos niveles de privilegios. Sociedades totalitarias con capacidad para limitar el crecimiento de la población y el consumo, en función del grupo social al que se pertenezca y que se ciñen a la consecución de sus propios intereses, sin importarles las consecuencias sociales que se produzcan. Una sociedad Gazprom o Coca-Cola, en la que la cúpula de la empresa ejerce las funciones de un Estado global y decide todas las cuestiones, desde qué se puede hacer y qué no, hasta quiénes deben ser educados de una cierta manera y quiénes se deben dedicar a otras tareas menos placenteras.

Por último, tenemos las teorías conocidas como del descenso suave, como las expuestas por Heinberg y Odum y Odum[36] y que predicen que el resultado final será un planeta con poblaciones pequeñas y modestas, que vivirán de la energía solar o eólica que reciban.

En los últimos veinte años se han empezado a aplicar una serie de medidas como la vuelta al reciclaje, la limitación de la circulación de vehículos en el centro de las ciudades —que va desde la prohibición total de acceso al pago de una tasa por llevar el coche al centro de la ciudad, lo que acaba beneficiando a los más ricos, que son quienes se pueden comprar los vehículos más eficientes—, la imposición de impuestos y tasas a la emisión de gases a la atmósfera o ciertos residuos tóxicos y cómo no, la subasta de los derechos de contaminación, con la creación de un mercado en el que los agentes económicos pueden comprarlos, venderlos o intercambiarlos.

Siendo prácticas muy positivas y recomendables, el reciclaje, el compostaje, o cualquier otra práctica de reutilización, suponen unos porcentajes mínimos en el reaprovechamiento de los recursos que consumimos. Los mayores porcentajes se encuentran en los metales, con un 54% para el cobre y un 70% para el acero,

---

36   Heinberg, R., *Powerdown: Options and actions for a post-carbon wordl*. Gabriela Island, New Society. 2004.

Odum, H.T. y E.C. Odum. *A prosperous way down: Principles and policies*. Boulder, University Press of Colorado, 2001.

pero no llegan al 1% en el caso de los plásticos. Existen otros bienes, cuyo porcentaje es directamente cero, como pueden ser los humos derivados del uso de motores de combustión, o de los cigarrillos que fumamos. Y, por supuesto, hay que ser consciente de que la mejor política de reciclaje del mundo no puede hacer nada ante un incremento masivo de la producción y el consumo.

En mi opinión, y a fecha de hoy, estas medidas son poco ambiciosas y manifiestamente insuficientes. Hemos llegado a un punto en el que tenemos que dar un giro de 180 grados a nuestra vida, si es que queremos sobrevivir como especie.

Si de verdad queremos revertir la situación a la que hemos abocado al planeta Tierra —y sobrevivir como especie—, tenemos que ser capaces de crear un modelo social menos consumista y más cooperativo y sostenible.

1. 1. En primer lugar, y quizá sea la parte más difícil, debemos de ser capaces de eliminar de nuestro pensamiento, conceptos como moda, tendencia, crecimiento o productividad. Tenemos que ser capaces de definir lo que consideramos como un nivel de vida aceptable y sostenible de vida, ponderando tanto lo que necesitamos nosotros, como lo que puede ofrecer el planeta, y teniendo en cuenta también, lo que necesitan los demás. Esos demás, que hasta el día de hoy han quedado excluidos del reparto de la riqueza.

   En los últimos años se ha ido abriendo paso la idea de la renta —e incluso de la herencia— universal. Cada persona, por el mero hecho de nacer, debería tener derecho a una prestación que le garantice un nivel mínimo de vida.

   La idea suena bien y ha ido en el programa de algunos partidos políticos como Izquierda Unida, Podemos o Sumar, que lo plantean como un derecho básico, gratuito y universal, aunque también ha sido muy criticada por su electoralismo y sus efectos nocivos sobre el mercado de trabajo, el crecimiento económico y la productividad. Vayamos por partes.

La redistribución de la renta tiene un límite objetivo, que viene impuesto por la capacidad del sistema productivo. Sencillamente, es imposible redistribuir más de lo que se produce y de lo que se tiene, independientemente de lo que se publique en el BOE o pueda declarar el dirigente político de turno. Dicho lo cual, también hay que destacar que en la actualidad el crecimiento y la productividad han dejado de ser valores buenos en sí mismos. Hoy en día no vivimos en un mundo en el que debamos producir más bienes, sino precisamente todo lo contrario. Necesitamos producir menos. Y si producimos menos, la lógica dice que deberíamos trabajar menos horas y disponer de más horas de ocio. En un contexto así, la instauración de un mínimo vital se antoja imprescindible, si se quiere mantener la armonía y la cohesión social.

El hecho de que se instaure una renta universal no quiere decir que se haga sin condiciones. Yo parto de las teorías del economista Robert Theobald, que hasta donde sé, fue pionero en este campo con su libro *The Guaranteed Income* en 1967. Al igual que Theobald, creo que hay que ligar el cobro de esta renta a algún tipo de prestación, como por ejemplo la realización de trabajos comunitarios, en función de su formación y de otras consideraciones: cuidado de enfermos y mayores, clases particulares, mantenimiento de jardines y otras instalaciones comunitarias, etc. Esto también podría suponer un paliativo para el mayor tiempo de ocio, del que vamos a disponer en el futuro. Tarde o temprano, nos tendremos que plantear que la jornada laboral debe ser reducida para adecuarla a una producción que también será más reducida. Esto, se podrá hacer, bien de forma planificada y ordenada, o bien mediante el aumento del desempleo y, por lo tanto, condenando a gran parte de la población a la miseria. La industria del ocio creativo, entendido como el tiempo libre del que dispondremos para dedicarnos a aquello que nos interesa, puede ser uno de los pilares del futuro.

Por otro lado, también habría que tener en cuenta los ahorros que generaría. Si existe una renta básica, la necesidad de un seguro de desempleo o de una pensión se reduce.

2. Necesitamos un mayor desarrollo de las políticas de reciclaje. Una cosa es que no sean suficientes para revertir la situación a la que hemos llegado, y otra muy diferente que no sean necesarias. Habría que recuperar algunas prácticas antiguas, como la reparación de objetos, o el pago con vales de compra a los consumidores que devuelvan envases, embalajes y otros residuos valiosos, así como un mayor desarrollo del compostaje y que este sea tenido en cuenta de cara a las futuras construcciones. Algunas estimaciones dicen que un mayor desarrollo del compostaje y el reciclaje nos podría proporcionar entre un 8 y un 10% de la energía que consumimos.

   Debemos volver a una política de calidad que incentive la producción de bienes duraderos y útiles. Debemos ser conscientes de que los recursos del planeta no solo son finitos y limitados, sino que también se están agotando a una velocidad creciente. El problema no es que no lo hagamos, sino que ni siquiera estamos pensando en hacerlo. Se preguntarán ustedes como se puede disminuir el consumo: muy sencillo, penalizando su compra, a través de los impuestos.

3. Las grandes ciudades son otra de las asignaturas que tenemos pendiente. El coste de las grandes urbes, en las que no se produce nada pero se compra y vende de todo, es cada vez más inasumible. Y es que como dijo alguien muy sabio: *«Hacen falta muchas Arkansas, para mantener un solo New York».*

Uno de los problemas al que se enfrentan las ciudades es el de la vivienda y sus precios. Vivir en Madrid, Barcelona o Palma —no digamos ya en Londres o París— se ha convertido en imposible para la mayor parte de sus habitantes, que se ven obligados a vivir en el extrarradio y acometer largos desplazamientos un día sí y otro también. Empieza a ser necesario descongestionar las grandes ciudades y hoy en día tenemos la suerte de que la tecnología nos lo permite. Habría que incentivar el teletrabajo y la mudanza a zonas menos pobladas, de tal forma que la gente pudiera vivir en Albacete, Lugo o Teruel y trabajar en Madrid, Barcelona o París. El precio de los alquileres subiría un poco en las primeras ciudades y bajaría en las segundas. ¿Como se consigue eso? Con incentivos económicos y fiscales y acometiendo una serie de inversiones en infraestructuras básicas, en lo que se conoce como la *España vaciada*.

4. Creación de una banca pública que no solo se limite a dar crédito a la inversión real, sino que también tenga entre sus objetivos una sociedad verde y sostenible. La banca pública fue una oportunidad que se perdió cuando tras la Gran Recesión y las ayudas públicas, varios Estados dispusieron de la mayoría del accionariado de algunas de las principales entidades financieras. En mi opinión, la banca pública no debería ser dominante, pero sí tener una influencia significativa en el sector, que le permitiese impulsar ciertas prácticas deontológicas. Esa banca pública también debería gozar de una cierta independencia, que la mantenga alejada de influencias políticas, tal y como pasó con las extintas Cajas de Ahorros.

5. Un debate público y riguroso sobre energía -incluída la nuclear- costes, alternativas, beneficios y riesgos. En los últimos años hemos visto cómo desde las administraciones públicas se apostaba por los vehículos eléctricos. No soy un defensor del carbono, pero dados los costes de extracción del litio, sus efectos contaminantes a largo plazo y el

hecho de que haya que comprar un nuevo coche, cada vez que se estropee la batería —5 o 7 años según los casos— me genera serias dudas, sobre el hecho de que los coches eléctricos sean una alternativa más ecológica, eficiente y justa, que los contaminantes coches de gasolina. Eso por no hablar de su elevado precio y de cuántas personas se pueden permitir comprárselo. Un vehículo que dicho sea de paso, tendrán que sustituir por otro, al cabo de 5 años.

6. También necesitamos un nuevo sistema contable que refleje nuestras nuevas prioridades. En la actualidad disponemos de una contabilidad que solo tiene en cuenta aquello que se puede convertir en dinero. Necesitamos una contabilidad que sea capaz de priorizar otros valores. Una contabilidad que tenga en cuenta la totalidad de los costes y no solo aquellos que soporta la empresa. Fabricar 1.000.000 de teléfonos más, que apenas modifican cuatro aplicaciones banales con respecto al modelo que salió seis meses atrás, supone destruir muchos recursos, alguno de los cuales proceden de fuentes no renovables, como los plásticos de las carcasas, o los minerales de las baterías; algunos de los cuales pueden ser altamente contaminantes. También hay productos peores, como los que vienen de zonas en guerra, caso de los famosos *diamantes de sangre*, cuyo comercio solo sirve para enriquecer a unos pocos y financiar la compra de más armas, con las que seguir extrayendo más diamantes y asesinar a más gente. Si las empresas tuviesen que asumir esos costes, el comercio de diamantes prácticamente desaparecería, ya que su coste sería prohibitivo[37].

---

37   La regla del coste marginal, de la que ya hemos hablado, nos dice que la empresa vende el producto al coste que le supone la fabricación de la última unidad (coste marginal) y que este debe de ser igual al ingreso marginal. Si la empresa se viese obligada a introducir los costes sociales, derivados de aspectos como la polución, el coste marginal, y con él, el precio de venta al público, se incrementaría de forma notable, con la consiguiente reducción de ventas.

Obviamente, el desarrollo de estas medidas necesitará de instrumentos de política económica que en muchos casos deberán de implementarse de manera gradual y, en algunos aspectos importantes, supondrían la planificación de la actividad económica[38]. Estas medidas deberían ser adoptadas de forma simultánea, por China, Europa y Norteamérica, ya que si uno de ellos decide quedarse fuera, no servirían de nada.

¿Quién debería dar el primer paso para detener esa espiral de crecimiento? La lógica más elemental dice que deberían hacerlo las sociedades más avanzadas y ricas del planeta, y eso debería ser así por varios motivos.

Primero, porque para bien o para mal, son esos países los que más se han beneficiado del desarrollo económico e industrial y los que más han esquilmado los recursos del planeta.

En segundo lugar, porque son los que disponen de los recursos económicos necesarios para hacerlo.

Y en tercero, porque son los únicos que están en condiciones de poder hacer sacrificios sin poner en peligro un nivel de vida mínimo para sus poblaciones. Estados Unidos, Canadá, Europa Occidental, Japón, Corea del Sur y últimamente Brasil, China, India o Rusia deberían ser capaces de parar y decir: «¡Basta! Hasta aquí hemos llegado». Por lo menos, así debería de ser, hasta que seamos capaces de viajar a otros planetas habitables que nos permitan salir del lío en el que nos hemos metido nosotros mismos, y, peor aún, en el que hemos metido a nuestros descendien-

---

38   Referente a la planificación económica, creo que hay que hacer dos matizaciones:

Primera, dada la situación actual del planeta, no creo que tengamos alternativa, por lo menos si queremos sobrevivir como especie.

Segunda, planificación económica no tiene que ser sinónimo de control político. En ese sentido, las nuevas tecnologías de las que disponemos son un arma de doble filo y tanto pueden servir para que vayamos a una sociedad tipo *1984*, en la que el poder controle de forma absoluta a la población; como para todo lo contrario, esto es, una sociedad en la que los ciudadanos accedan a la información en tiempo real y puedan supervisar las actuaciones de sus gobernantes.

tes que todavía no han tenido la desgracia de nacer y no tienen ni idea de lo que les espera.

Soy consciente de que mucho de lo que se ha escrito en este ensayo, será tildado de utópico e imposible de realizar. El problema no es que sea utópico, sino que no tenemos alternativa. El salto tecnológico que hemos vivido en los últimos años ha modificado nuestras vidas hasta extremos inimaginables. Ahora nos toca dar un salto espiritual o ético, llámenlo como quieran, que nos lleve a un nuevo nivel. Eso, o desaparecer como especie.

¿Seremos capaces de hacerlo? No lo creo. De hecho, si tuviera que apostar y alguien me pudiera garantizar el cobro de la apuesta, apostaría todo lo que tengo por la extinción de la raza humana. Por regla general los humanos somos seres cobardes, egoístas e irracionales, que prefieren las mentiras dulces, enlatadas y prefabricadas —a ser posible muy sentimentales y fáciles de creer— a los análisis fríos, lógicos y racionales. Y, por muy mal que les suene a los dirigentes de la Izquierda, ellos y su gente también son así. Llevamos miles de años cometiendo los mismos errores, una y otra vez. No quiero engañar a nadie y mucho menos a mí mismo. Lo cierto es que resulta poco creíble que vayamos a cambiar justo ahora.

VIII

LA IZQUIERDA
Y EL NACIONALISMO

La RAE define el nacionalismo como:

1. Apego de los naturales de una nación, a ella y a cuanto le pertenece.

2. Doctrina que ensalza en todos los órdenes, la personalidad nacional completa, o lo que reputan como tal sus partidarios.

3. Aspiración o tendencia de un pueblo o raza a constituirse en Estado autónomo.

La primera acepción parece referirse más a la faceta cultural e histórica de las distintas razas y pueblos del planeta y es con la que personalmente, me siento más a gusto. En el plano estrictamente cultural, el nacionalismo es algo maravilloso. A lo largo y ancho del planeta hay miles de culturas diferentes y eso es algo enriquecedor. Si uno junta a dos bailarines, dos músicos, o dos pintores de lugares tan diferentes como el Congo, Estados Unidos o Rusia, antes de que pasen cinco minutos estarán preguntándose los unos a los otros, cómo se ejecuta ese acorde, ese paso, o ese trazo, tan diferente a los que conocen y que sin embargo, molan tanto. Dicho lisa y claramente: cuantos más seamos y más diferentes, más podremos aprender los unos de los otros. ¡Mejor que mejor!

El problema, a mi entender, está más en las acepciones 2 y 3 y en las consecuencias que se derivan de sus connotaciones ideológicas, políticas y raciales. Por algún motivo que desconozco, cuando el nacionalismo pasa del plano estrictamente cultural al político se produce una extraña mutación y entonces se pasa del «*Eso es diferente, :qué bien.*» al «*Somos diferentes; por lo tanto, somos mejores que los demás y debemos tener más derechos*». Y, creo que no hace falta decirlo, pero por si acaso lo digo: eso ya no está tan bien.

Por suerte o por desgracia, los seres humanos siempre hemos padecido el síndrome de la dualidad. Por un lado queremos ser individuos únicos y diferenciados de todos los demás, y por el otro somos una especie gregaria, que busca la aceptación de un determinado grupo. El nacionalismo es una opción tan válida como lo pueda ser el fútbol o la religión. El problema es que, como casi todos los 'ismos', el nacionalismo tiene una capacidad enorme para conectar con los sentimientos y los anhelos más bajos e irracionales del ser humano. Las diversas teorías sobre '*el pueblo elegido*', '*el espacio vital*', '*Dios lo quiere así*' o '*la raza superior*' intentan manipular a los seres humanos, recurriendo a sus instintos y sentimientos más bajos. Y por desgracia, lo suelen conseguir.

Como muy bien señalaron Marx y Engels:

«Los obreros no tienen patria. No se les puede arrebatar lo que no poseen [...] En la misma medida en que sea abolida la explotación de un individuo por otro, será abolida la explotación de una nación por otra».

Y George Orwell lo remacho varias décadas más tarde al decir:

«El nacionalismo es sed de poder mitigada con autoengaño. Todo nacionalista es capaz de incurrir en la deshonestidad más flagrante, pero, al ser consciente de que está al servicio de algo más grande que él mismo, también tiene la certeza inquebrantable de estar en lo cierto».

Pero, como sucede casi siempre, los que vinieron después de Karl y Friedrich, no les hicieron demasiado caso y prefirieron seguir el camino cómodo y fácil de las excusas:

«Nosotros somos diferentes y mejores y si no nos ha ido tan bien como merecemos, es por culpa de los otros, esos que son diferentes, que tienen creencias distintas y se aprovechan de nuestros recursos y nuestras riquezas».

¿Cómo se consigue cimentar una creencia así? Fundamentalmente a través de la propaganda y la reinterpretación de la Historia, en busca de un origen mítico y legendario, que los justifique y los legitime, como los *elegidos* que creen ser. Síntomas de paranoia delirante, que por supuesto sirven igual a la hora de hablar del nacionalismo español, que del alemán, el catalán, el chino o el estadounidense. Tal y como decía Orwell, lo único que importa es que exista una idea superior y dado que es superior, es mejor que las demás y por lo tanto, no solo no puede ser puesta en cuestión —delito de alta traición— sino que cualquier sacrificio o medio que exija la mencionada idea, está disculpado de antemano. Por decirlo claramente: *el fin justifica los medios*.

Quizás el problema no sea la ideología, sino el hecho de que, por lo general, y como ya he dicho varias veces, los seres humanos somos bichos contradictorios, malos y obstinados, que nos negamos a aprender de los errores cometidos. Llevamos 10.000 años repitiendo los mismos errores, una y otra vez. Buscamos la humillación y la obediencia del otro, rara vez su cooperación. ¿Qué un rey construye un palacio con 1.000 habitaciones? Construyamos otro que tenga 2.000. ¿Qué el país X inventa una bomba que puede matar a 10 millones de personas? El país Y creará otra que pueda matar a 100. ¡Mejor aún, a mil!

Los humanos pecamos de gigantismo y de estupidez y pretendemos solucionar los problemas haciéndolos un poco más grandes y un poco más absurdos de lo que ya eran. Sabemos lo que deberíamos hacer. Pero nos negamos a hacerlo y a asumir las consecuencias de nuestros actos. Este es un axioma válido para toda la especie humana, con independencia de que viva en California, en Corea o en España. Pero, todo esto no son más que consideraciones generalistas sobre la humanidad, el movimiento nacionalista —por lo menos en el ámbito político— goza de sus propias peculiaridades:

1. El nacionalismo, como otros muchos 'ismos', parte de un hecho diferencial y subjetivo —una creencia, muy respetable, pero nada más que una creencia— que aspira a convertirse en una realidad objetiva, que debe ser admitida como tal por todos los demás. Casi tod@s los hij@s estarán dispuestos a defender que su madre es la mejor madre de la Historia. Pero desde un punto de vista científico la afirmación es insostenible. La probabilidad de que una madre en concreto sea la mejor es 1 dividido entre los miles de millones de mujeres que hayan parido, a lo largo de la Historia, prácticamente 0. Los nacionalistas funcionan igual y al igual que l@s hij@s siempre encuentran un motivo que justifique que su Madre Patria es la mejor. Las banderas, las religiones y la libertad han sido los tres jinetes del Apocalipsis y por desgracia, aún lo continúan siendo.

2. El nacionalismo tiene un cierto parecido con esas cintas que hay en los gimnasios, en los que uno corre y corre, pero siempre permanece en el mismo lugar. El nacionalismo tiende a esconderse detrás de valores inmateriales, tales como como la lengua, la costumbre o el origen legendario de la Patria; para esconder otros motivos menos nobles y más egocéntricos y monetarios. Si repasamos la Historia de la humanidad y sus sucesivos imperios, los hechos siempre transcurren igual: un país crece y se expande a costa de sus vecinos —por supuesto siempre hay una causa que lo justifica: la civilización, la necesidad de recursos, la libertad y unos próceres de la patria que ven crecer sus fortunas, más que el común de los mortales, aunque de estos, rara vez se habla—. Tras un periodo de dominio, el país pierde su posición preeminente y surge un nuevo aspirante al trono, ante las miradas de odio y satisfacción del resto del mundo. Después, el ciclo se vuelve a repetir

de nuevo. Los babilonios, los egipcios, los chinos, los romanos, los españoles, los franceses, los ingleses, los rusos o los norteamericanos han repetido una y otra vez los mismos errores de siempre. Ni una sola de las culturas que ha habitado este planeta, ha conseguido expandirse de forma pacífica. Buscamos el enfrentamiento y la confrontación, nunca la cooperación y para nuestra desgracia, la película siempre termina igual. La diferencia es que a medida que avanzamos tecnológicamente, las consecuencias de esa tragedia resultan cada vez más peligrosas.

3. 3. La palabra patria parece sonar, como algo abstracto e inmaterial. Pero no es exactamente así y como ya he dicho, siempre va unida a la defensa de los intereses económicos de una determinada clase social, por lo general bastante acomodada. Una clase social, que como todas sus predecesoras, busca esconder, tras grandes conceptos inmateriales como la patria y la defensa de los valores nacionales, unos privilegios y beneficios económicos que suelen ser bastante más concretos, materiales y sustanciosos.

Tras la Segunda Guerra Mundial, la Izquierda, que desde sus orígenes se había definido como un movimiento internacionalista[39] se sintió atraída, irremediablemente, por los movimientos de liberación nacional, tal y como pueda hacerlo una polilla por una farola. En un principio, se trató del proceso de descolonización

---

39   El movimiento internacionalista tiene su origen en Marx y Engels: *Proletarios de todo el mundo, uníos.* La Primera Internacional fue en Londres en 1864 y participaron Marx y Engels entre otros. La segunda en 1889, y a partir de ahí el movimiento se escindió entre anarquistas y comunistas. El internacionalismo fracasó en la Primera Guerra Mundial, cuando lo hicieron los sucesivos llamamientos a que los soldados que componían los distintos ejércitos se rebelasen contra sus mandos y naciones y se comportasen más como proletarios explotados, dispuestos a realizar la revolución internacional, que como ciudadanos alemanes, belgas o franceses. Su canto del cisne se produjo con la Guerra Civil española. Desde entonces, los sucesivos movimientos de izquierda han mantenido un patrón nacionalista, que no tiene nada que envidiarles a los más tradicionalistas conservadores. En ocasiones, incluso ha ido un paso o dos por delante.

ocurrido tras la Segunda Guerra Mundial. Era una causa justa y la Izquierda se adhirió a ella sin problemas, aun a costa de justificar a una serie de aspirantes a dictadorzuelos y salvapatrias diversos. El problema —como ya expliqué antes— reside en que los seres humanos padecemos de una enfermedad llamada gigantismo y estupidez. Solucionamos los problemas haciéndolos más grandes y más absurdos, y una vez que hemos iniciado ese camino, nos vemos obligados a continuarlo hasta el final, aunque sea obvio que no lleva a ninguna parte.

Una vez conseguida la independencia de Argelia, la India, Pakistán, o Papúa Nueva Guinea, el camino a seguir pasaba por la autodeterminación de todo aquel que se sintiese diferente a los demás. Se empezó por las llamadas naciones sin Estado; determinadas áreas con una cultura diferenciada del entorno y por lo general, con un alto grado de desarrollo económico y social —que en momentos anteriores de la Historia no habían tenido reparos en aprovecharse de sus vecinos— pero que ahora, cuando venían mal dadas, no estaban dispuestos a compartir su riqueza con los demás. Lo único que importa ahora es que ellos son diferentes y merecen más que los otros. Baviera, Cataluña, Escocia, Euskadi, Quebec o el norte de Italia, son un buen ejemplo de ese tipo de política. Una cuestión de dinero y privilegios, que por supuesto no puede ser tratada como tal, porque desluciría ese origen mítico y heroico que nos hace diferentes y, por lo tanto, mejores que los demás.

Esta es una de las trincheras que hemos estado cavando durante los últimos 50 años. En la actualidad esa trinchera es tan profunda que parece un abismo. ¿Qué hacemos nosotros? Continuamos cavando, por si acaso. Lo último que hemos inventado es el derecho a la autodeterminación de género: el sexo como variable objetiva ha dejado de existir. Por lo visto, el hecho de nacer con un determinado aparato genital no es una variable a tener en cuenta, sino que lo único que importa es como se sienta cada cual en cada momento.

Quiero que se me entienda bien: claro que cada cual tiene derecho a sentirse como quiera y está científicamente demostrado que existe un porcentaje de personas en las que no coincide el sexo objetivo con la percepción personal que ell@s sienten[40].

No tengo nada que objetar a que cada cual haga lo que quiera, siempre que sea consentido por la otra parte. La cuestión radica en si basta una mera declaración personal de cómo se siente un@, para que eso tenga efectos frente a tercer@s. El problema de la ley Trans, no son l@s transexuales, sino el hecho de que es un coladero que permite que cualquier aprovechad@, sin importar su género, gustos u orientación sexual, pueda decidir en cualquier momento si le conviene más ser hombre o mujer, en función de sus intereses personales y sin más requisito que su declaración personal. Me explico. Si yo me levanto mañana sintiéndome mujer, voy al registro civil y cambio mi nombre y sexo por el de Ivanna; ¿quiere eso decir que puedo ir a un gimnasio y meterme en el vestuario de mujeres con mi órgano genital colgando entre las piernas, o entra dentro de lo lógico y razonable, que haya mujeres que puedan sentirse violentadas en su intimidad? ¿Si Lebrón, Messi o Djokovic decidieran cambiar de sexo y continuar jugando en una competición femenina, estarían ejercitan-

---

40   La disforia de género —antes llamada trastorno de identidad de género— es un diagnóstico psiquiátrico que involucra un malestar significativo asociado a una discordancia entre la identidad de género y el sexo físico o asignado al nacer, con el que las personas afectadas no se identifican ni sienten como propio. La OMS lo ha descartado como un trastorno psiquiátrico. La disconformidad de género no constituye enfermedad mental en sí misma, sino que el elemento crítico de la disforia de género es la presencia de malestar clínicamente significativo asociado a la condición de género.

En términos históricos, la disforia afecta a 1 de cada 10.000 personas. Sin embargo, un reciente informe de Feministas de Cataluña *De hombres adultos a niñas adolescentes*, refleja un aumento de los casos atendidos por el Servei Transit desde 2012 hasta 2020 del 7652%, pasando de 19 a 1.454. En menos de una década se ha multiplicado por 76,5. Quizás deberíamos preocuparnos menos de la disforia y más del poder que han alcanzado los medios de comunicación y sobre todo las redes sociales y su influencia sobre grupos muy vulnerables como puedan ser los adolescentes sumergidos en un mar de dudas y que aún no saben lo que quieren ser.

do un derecho o alterando el resultado de una competición? Y llegados ahí, ¿por qué no seguir? ¿Puedo levantarme mañana diciendo que me siento como un crío de 12 años, o como un perro, y que, por lo tanto, soy absolutamente irresponsable desde un punto de vista civil y penal? ¿Cuál es el límite y quién lo marca? Esa, y no otra, es la pregunta del millón.

Históricamente hablando, cada vez que la Izquierda se ha acercado a los movimientos de autodeterminación ha sido absorbida por ellos y ha terminado por disolverse, como un azucarillo, en un vaso de agua. Tiene su lógica, la defensa del nacionalismo y del derecho a la autodeterminación lleva a la Izquierda a centrarse en un único aspecto de la vida, que afecta más a un ente abstracto que a la vida diaria de ciudadanos concretos.

Nada de esto ha sido obstáculo para que haya grupos que se dicen de izquierdas, en los que la cuestión nacional ha pasado a convertirse en la prioritaria, obviando todas las demás. No hay más objetivo que la independencia y la autodeterminación, y si el pueblo tiene que pasar hambre y penalidades, que se joda, que también las tenemos que pasar nosotros. Esto es lo que hay, hasta que se consiga la independencia y llegue ese mañana radiante en el que nos despertaremos en un país nuevo, maravilloso e independiente, en el que todos los problemas se habrán resuelto de golpe. No quiero ser aguafiestas, pero con todos mis respetos, ninguno de estos grupos parecen ser conscientes de que eso es algo que solo puede conseguir la muerte.

Un ejemplo de libro ha sido el *Procés* en Cataluña. El asunto se inició hace una década, cuando un feo asunto de corrupción afectó al partido que había gobernado desde los inicios de la democracia y que tantos servicios había prestado a la madre patria, apoyando a unos y a otros, en función de sus propios intereses. La élite política y económica vio peligrar sus privilegios y reaccionó con un golpe de efecto. No importaba la corrupción, ni las comisiones del 3%; de lo que se trataba era de que aquello constituía un ataque a la dignidad, la idiosincrasia y las instituciones del País. Porque por supuesto, ellos, los que habían cobrado el 3, el 4 o el 5% eran el país. Un país, que aunque nunca hubiera sido un Estado independiente, tenía un origen mítico y secular. Un origen que, como el de otros muchos Estados, partía de una reinterpretación muy peculiar y tremendamente interesada de la Historia.

Si nos atenemos al relato oficial, todo comienza en el siglo XVIII, con la Guerra de Sucesión por el trono español. Francia e Inglaterra batallan por su derecho a colocar al sucesor y hacerse con los restos, de lo que hasta hacía poco había sido el Imperio en el que nunca se ponía el sol. Al igual que otros muchos actores del momento, la nobleza y la incipiente burguesía catalana no tuvieron reparos en pactar con unos y otros, según les conviniese. Finalmente, terminó imponiéndose el candidato francés. Cataluña se opuso y mostró resistencia, pero en ningún caso porque quisiese ser independiente de España sino porque, en última instancia, y tras sucesivos pactos con ambos bandos, habían terminado apostando por los ingleses.

El independentismo catalán ha convertido este episodio en un intento de liberación nacional que nunca existió, ni mucho menos pasó, por la mente de sus protagonistas, que siempre presumieron de su fidelidad a *las Españas,* como se decía entonces.

Los llamados *Países Catalanes* son un invento bastante reciente, que pese a compartir aspectos culturales como la lengua, nunca tuvieron una existencia real. y por suerte o por desgracia, nunca fueron más allá de ser un pedazo del antiguo Reino de Aragón; un reino que a finales del siglo XV se fusionó con el de Castilla, mediante el matrimonio de Isabel y Fernando y que para bien y para mal, constituye el origen del actual Estado español.

Hace poco el saliente *president* de la Generalitat Pere Aragonés invitaba al Estado central a ser valiente, aceptar el derecho a la autodeterminación, celebrar un referéndum de independencia y asumir los resultados. No tendría nada que objetar, si eso lo defendiese el 75 o el 80% de la población catalana. Pero, las elecciones y encuestas celebradas en los últimos diez años —incluidas las últimas en las que ha ganado el PSC y Esquerra se ha hundido— coinciden en señalar que por regla general el asunto se mantiene en el 50 a favor de la independencia y el 50 en contra; es decir, una mitad contra la otra. Quizás el primer valiente debería ser el Sr. Aragonés y tener el valor de decirle a los suyos, que con un 50 o un 52% de la población, no hay derecho a la autodeterminación, ni a la independencia que valga; que con un 52% a lo máximo que se puede aspirar es a convocar un referéndum para dividir al país por la mitad, por medio de un divorcio civilizado; es decir, a que una mitad se quede en España y la Unión Europea y la otra siga su propio camino, con todas sus consecuencias. Porque, dado que el derecho a la autodeterminación es algo tan importante, supongo que los independentistas no se lo negarán a la mitad de su población que quiere permanecer en España y no participar de su proyecto. Tampoco tengo nada que objetar a eso, salvo que si es lo que realmente se quiere, se atrevan a asumirlo y a defenderlo públicamente, con todas sus consecuencias económicas, políticas, sociales e incluso sentimentales.

Las cosas no parecen ir por ahí. El recién investido *president* Salvador Illa parece continuar con esa absurda tradición de la Izquierda, que cada vez que se ve obligada a convivir con el nacionalismo, acepta su marco mental como punto de partida y por lo tanto, se encuentra derrotada de antemano. Se parte de la base, de que existe esa pequeña y heroica aldea gala, que resiste frente a los poderes oscuros del capitalismo global y que su causa no solo es justa, sino que también es necesaria. Y, por supuesto, si su causa es justa y necesaria, eso quiere decir que sus militantes, sus métodos y sus fines, también lo son.

Por suerte o por desgracia, las cosas no suelen funcionar así en el planeta Tierra y la realidad suele ser muy diferente a como nos gustaría que fuese. Para bien o para mal, la descolonización terminó hace 60 años y ya no quedan países que liberar en el mundo, salvo quizás Palestina y el Sahara. Los casos de Quebec, Escocia, Cataluña o el norte de Italia obedecen más a motivaciones económicas que a otra cosa. Sencillamente han llegado a la conclusión de que si se dan ciertas condiciones pueden librarse de la carga fiscal que suponen ciertas áreas geográficas, al tiempo que mantienen libre acceso a sus mercados, incluido el europeo; así como a su moneda y a su sistema financiero y social. Beneficio puro y duro.

También, me gustaría dejar muy claro, que el derecho a la autodeterminación, no solo implica el derecho a poder separarse del país, sino también a decidir qué leyes estatales se aplican en ese territorio y cuáles no; y eso es algo que vale, no solo para las leyes lingüísticas y educativas, sino también para las fiscales, o las referentes a derechos humanos o servicios sociales. Con el derecho a la autodeterminación en la mano la redistribución territorial de la riqueza se convierte en una quimera. La redistribución de la renta en economía se llama solidaridad y es imperativa por imposición legal. Puede ser individual, territorial, etcétera. Por el contrario, la beneficencia y la caridad son individuales y voluntarias[41].

Resulta, cuando menos chocante, ver a destacados dirigentes izquierdistas hacer juegos malabares para justificar como democrático y justo lo que no son más que cesiones y privilegios concedidos a determinados individuos, sectores y territorios. Unas cesiones que resultan absolutamente incompatibles con la ideología que dicen defender[42].

---

41   Yo, o cualquier otro ciudadan@, hacemos la declaración de la renta, no de manera voluntaria, sino porque existe una imposición legal, que nos obliga a ello. Por el contrario, puedo decidir darle 100 euros a un mendigo, porque me resulta simpático, o porque estoy muy contento, ya que me han subido el sueldo. Lo primero es solidaridad, y en economía es obligatoria; lo segundo se llama caridad, resulta voluntaria y nunca es suficiente. Por suerte o por desgracia, los seres humanos solo funcionamos, cuando hay mecanismos que nos obligan a ello.

42   En el siglo XIX y gran parte del XX, incluida la dictadura de Franco, los altos aranceles obligaban a gallegos, extremeños, o manchegos a comprar textiles catalanes, o siderurgia vasca, en vez de productos británicos o alemanes -que eran mejores y mucho más baratos. Por aquel entonces, la burguesía nacionalista no tenía ningún problema en defender, que comprar productos catalanes y vascos

El miedo y la desconfianza hacia los demás, en los que se basa cualquier nacionalismo, no solo ha sido una política fracasada y carente de resultados, sino que, además, se trata de uno de los pecados originales de la humanidad. Aspiramos a beneficiarnos del prójimo, pero al mismo tiempo, le negamos lo que nos concedemos a nosotros mismos.

La diferencia con otros periodos es que en un mundo interconectado y globalizado como es el actual, las acciones de cada uno repercuten en la vida de los demás y dado que todos los individuos aspiran a ser los mejores y todos los países los más grandes del orbe mundial, las contradicciones entre lo que deseamos, lo que necesitamos y lo que realmente podemos hacer, comienzan a ser enormes.

La consecuencia de todo esto es un planeta estresado y sometido a una presión extractiva tremenda. Un mundo que vive a crédito, porque no es capaz de reponer, los productos que consume a lo largo del año. Un planeta que, dicho claramente, precisa de más cooperación y menos competencia. En ese sentido, el nacionalismo es una opción política homicida y suicida al mismo tiempo: homicida porque lo que nosotros hagamos, por creernos un pueblo superior, va a tener consecuencias en la vida de otras personas, vivan en nuestro país o en cualquier otro; suicida porque si el planeta desaparece, no importa lo grande y gloriosa que sea nuestra Patria, ni lo mítico que sea su origen; sencillamente, no dispondrá de un lugar en el que poder existir.

Porriño. Agosto de 2024.

---

era lo patriótico y lo que debía hacer el resto del país- aunque tuviesen que pagar precios más altos- para así salvaguardar la industria nacional, que no era otra que la suya propia. En aquellos momentos, la cuestión nacional no estaba sobre la mesa, ni se la esperaba.

BIBLIOGRAFÍA

BOULDING, Kenneth E. *Análisis Económico*. Biblioteca de la ciencia económica, 1954.

BERTRAND, Marianne / MULLAINATHAN, Sendhil, *Gobierno Corporativo y Compensación Ejecutivo: Evidencia de Legislación*. Takeover Princeton Universidad, 1999.

CANOSA BASTOS, Ricardo, *Manual de economía para ciudadanos indignados*, Ed. Guiverny, 2013.

DUNCAN, Richard C. , «The Olduvai Theory: Terminal Decline Imminent», *The social contract Press*, Volumen 17 Nª 3,   Primavera 2007.

FISCHER, Stanley / DORNBUSCH, Rudiger, *Economía*, Ed McGraw Hill, 1986.

FRIEDMAN, Milton / Rose, *Libertad de elegir*, Ediciones Orbis, Biblioteca de Economía, Barcelona, 1983.

GALBRAITH, J. K. *El nuevo estado industrial*, Ed. Ariel, 1967.

GALBRAITH, J.K., *La sociedad opulenta*, Ed. Ariel,1960.

GALBRAITH, J.K. *El crash de 1929*, Ed. Ariel, 2013.

GALEANO, Eduardo, *Las venas abiertas de América Latina*, Ed. Siglo XXI, 2003.

GEORGE, Susan, *El informe Lugano*, Ed Icaria, 2001,

GEORGE, Susan, *Los usurpadores*, Ed Icaria, 2015

GUERRERO, Diego, *Historia del pensamiento económico heterodoxo*, edición electrónica de 2004 disponible a texto completo en www.eumed.net /cursecom.

HEINBERG, R. *Powerdown: Options and actions for a post-carbon world*, Gabriela Island, New Society,2004

HUXLEY, Aldous, *Un mundo feliz*, Editores mexicanos unidos, 1985.

IPCC, *5º Informe de Evaluación*, 2014. Millenium Ecosystem Assessment, 2005.

JENKINS, Holman W. «Goldman Sachs, una historia de amor y odio», *The Wall Street Journal*, 22/10/2009.

KEYNES, John M., *Teoría general de la ocupación*, el interés y el dinero, Fondo de Cultura Económica de España, 2006.

KRUGMAN, Paul, *¡Acabad ya con esta crisis!*, Ed. Critica, 2012.

KRUGMAN, Paul, *El teórico accidental y otras noticias de la ciencia lúgubre*, RBA, 2012.

KRUGMAN, Paul, *Vendiendo prosperidad*, Ariel, 2013.

LACALLE, DanieL, *La madre de todas las batallas*, Ed.Planeta, 2014.

LANCHESTER, John, *¡Huy!, Porque todo el mundo le debe a todo el mundo y nadie puede pagar*. Ed.Anagrama, Colección Compactos, 2011.

LUENGO, F., «La falacia del vínculo salarios y productividad», *El País*, 14/02/2014.

MARTÍN VALERO, V., *El lado oscuro del capitalismo. El caso Enron*, Universidad de Alicante, 2012.

MARX, Karl, *El Capital*, Akal Editor, 1976.

MEADOWS, d., Randers J. / D. MEADOWS, *Limits to growth: The 30- year update*, White river junction (VT), Chelsea Green.

MISHAN, E.J., *Los costes del desarrollo económico*, Ed. Orbis, SA, 1983.

OCDE, *Environmental Outlook to 2050: The consequence of in-action*, OCDE, 2014.

ODUM, h.t. / e.c. odum, *A prosperous way down: Princi-ples and policies*, Boulder, University Press of Colora-do, 2001.

ORWELL, George, *1984*, Ed. Destino, Colección Desti-nolibro, 1984.

PIKETTY, Thomas, *La economía de las desigualdades. Como implementar una redistribución justa y eficaz de La riqueza* (Argumentos), Ed Anagrama.1997.

PIKETTY, Thomas, *El capital en el siglo XXI*, Fondo de Cultura Económica.2014.

PHILIPPON, Thomas / RESHEF, Ariell, «Los salarios y el ca-pital humano en el sector financiero de Estados Unidos: 1909-2006», NBER *Working Paper*, N° 14644, 2009.

RICARDO, David, *Principios de economía política y tributación*, Ed.Orbis 1985.

RIFKIN, Jeremy, *La sociedad de coste marginal cero: El internet de las cosas, los bienes comunes y el eclipse del capitalismo*, Paidós Ibérica, 2014.

RIFKIN, Jeremy, *El fin del trabajo: Nuevas tecnologías contra puestos de trabajo: El nacimiento de una nueva era*, Ed. Pla-neta, 2014.

ROBINSON, Joan, «El capitalismo de nuestros días», *New Left Review*, Londres, Julio- Agosto,1962.

SAMUELSON, Paul, *Curso de economía moderna*, Ed Aguilar, 1960.

SCHWARTZ, Barry, *Porque más es menos: La tiranía de la abun-dancia*, Ed Taurus, 2005.

SMITH, Adam, *La riqueza de las naciones*, Ed. Orbis, Biblioteca de Economía, 1983.

STIGLITZ, Joseph, *El precio de la desigualdad. Como un sistema político y económico injusto ha creado una sociedad dividida*, Ed. Taurus, 2012.

STIGLITZ, Joseph, *La gran brecha*, Ed. Taurus, 2015.

THEOBALD R. *The Guaranteed Income*, Doubleday and Co. Nueva York, 1967.

TORRERO MAÑAS, Antonio, *La crisis financiera internacional y económica española*, Ediciones Encuentro, 2008.

TORTELLA, Gabriel y NÚÑEZ, Clara Eugenia, *Para comprender la crisis*, Ed. Gadir, 2009.

WORLD HEALTH ORGANIZATION, *Global health risks: mortality and burden of disease attributable to selected major risks*, World Health Organization, Geneva, 2009.

WWF, *Informe Planeta Vivo 2014*, WWF.

YOUNGQUIST, W. Geodestinies, *The inevitable control of Earth resources over nations and individuals*, Portland(OR) National Book Co., 1997.

INTERNET

www.agenciatributaria.es

www. alternativaseconomicas.com

www.bde.es

www.bancomundial.org

www.datosmacro.com

www.edualter.org

www.eduardograzon.net

www.elmundo.es

www.elpais.es

www.epi.coop

https://ec.europa.eu/eurostat

www.imf.org

https://www.ipcc.ch/languages-2/spanish/

www.mayralizbeth.blogspot.com

www.oecd.org

http://piketty.pse.ens.fr

www.rankia.com

www.un.org

www.wwf.es